大人のための「論語」入門

伊與田覺
iyota satoru

荒井 桂
arai katsura

致知出版社

まえがき

世界の代表的聖人と称せられる孔子は、西紀前五五一年に、今の中国山東省曲《きょく》阜《ふ》市郊外の昌平郷《しょうへいきょう》陬邑《すうゆう》の地に於《お》いて生まれました。三歳の時に父を亡い、若い母の手によって育てられるのであります。

身分は士でありましたが、正規の公立学校には行けなかったようです。幸いに近在の優れた隠君子の薫陶《くんとう》を受け、十五歳の時に聖賢の学に志すのでありまず。十九歳で結婚、二十歳の時に長男が生まれ、職を転々しながら「自分の学を好むのには誰も及ばない」と自負する程に勉学にいそしんだのであります。然《しか》し理想が高いだけに容易に世に容れられず苦難の道を辿るわけですが五十にし大悟して天命を覚るに及び融通《ゆうずう》無礙《むげ》の世界が展開し、七十を過ぐる最晩年には完熟の境に達するのであります。

『論語』は孔子の言や弟子との問答を集めた短い語録集ですが、一言半句にも尽きせぬ妙味《みょうみ》のあるのはそこにあります。

日本に伝来したのは、第十五代応神《おうじん》天皇十六（西紀二八五）年、天皇のご要請によって百済《くだら》の王仁《わに》博士が伝え、何の抵抗もなく日本人の血となり肉となってゆくのです。

ところが戦後の占領政策によって甚《はなは》だ軽視されましたが、近年勃然《ぼつぜん》として国民の中に甦り、静かなブームを呼びつつあるのは周知のところであります。殊《こと》に幼少年を対象とする論語塾が雨後の筍《たけのこ》のように簇出《そうしゅつ》しているのは驚くべきことです。

この時に当り、夙《つと》に人間学を提唱して息《や》まない致知出版社の熱意によって、安岡正篤師創始の郷学研修所所長で碩学《せきがく》荒井桂先生との深い道縁によって、不肖の老生と『論語』についての対談が催されました。そうしてこの度『大人のための『「論語」入門』と称して上梓《じょうし》されることになりました。群盲《ぐんもう》が象を撫《な》でる類《たぐい》と存じますが、大方の忌憚《きたん》のないご批教を賜り得ますれば斯道昂揚《しどうこうよう》のため大幸でございます。

ここに藤尾秀昭社長様と柳澤まり子専務様との逢い難いご道情に併せ、編集部の番園雅子様と篠原隼人様のご労苦に対し、深甚《しんじん》なる敬意と謝意を表する次第でございます。

平成二十四年十月十五日

有源舎に於て　伊與田　覺

大人のための「論語」入門＊目次

第二章 『論語』と日本人

第三章 語り尽くせない『論語』の魅力

第四章 『論語』が教える人生訓

装幀――川上成夫
編集協力――柏木孝之

＊本文に出てくる『論語』の読み下し文および訳は『現代訳　仮名論語』（伊與田覺／論語普及会）によります。なお、旧字は新字に改めました。

――編集部

プロローグ

『論語』と出会う

母が導いてくれた『論語』への道

荒井　日本人のほとんどは『論語』という古典があることを知っていると思います。ただ、それを読み通した人というのは決して多くはないはずです。ところが最近、時代環境の変化もあるのでしょうか、『論語』がブームとなり、社会人の中にもあらためて『論語』を読んでみたいという人が増えています。そういう人たちのために、「大人のための『論語』の入門書を」というわけで、本日は光栄なことに伊與田先生とお話をさせていただく機会を賜りました。

伊與田先生は七歳のときから『論語』を読み始めて約九十年になられるとお聞きしております。先生が『論語』を読むに至ったきっかけは、どういうことでございますか。

伊與田　私は七歳で母親を亡くしまして、その悲しみがなかなか癒《い》えなかったんですね。家族が非常に困って、私の義理の叔父に相談しました。そのときに叔父に連れていかれて説明も何もなしに素読《そどく》を教えられたのが、『論語』を読み始めたそもそものきっかけです。

意味はわからなくても『論語』の文章は韻《いん》を踏んで調子がいいものですから、ついつい読んでいるうちに、一句二句と暗誦《あんしょう》していった。暗誦が進んで興味が湧いてくると、母に対する思慕《しぼ》の情がだんだん薄れていったんですね。

ですから特別に志《こころざし》を立てて読んだわけではなく、自分の環境の中から自ずと習慣になってきたものです。

私にとっての『論語』は、いわば飯のようなものですね。「これは旨い」と響くときもあれば、「まずい」と感ずるときもある。そんな様々な感情を超えながら九十六歳の現在まで生活の糧にしてきました。

荒井先生が最初に『論語』に触れたのは、おいくつぐらいのときでしたか。

荒井　私の場合は伊與田先生のように早くから『論語』の素読をしたということ

私にとっての『論語』は、いわば飯のようなものですね。「これは旨い」と響くときもあれば、「まずい」と感ずるときもある。そんな様々な感情を超えながら九十六歳の現在まで生活の糧にしてきました。――伊與田とはございませんが、小さい頃に母親から聞いていた『論語』のさわりの部分をかなり覚えておりました。

母親は昭和初期に埼玉の女子師範学校を出ていたんです。当時の師範学校は『論語』や『孝経《こうきょう》』、中江藤樹《とうじゅ》の教えなどを重んじた教育が根づいていたらしくて、母親が私に話をするたびにその話題が出てくるんです。ですから私も『論語』の言葉は意図しないうちに自然に覚えたという感覚を持っています。

私は戦時下に国民学校に学んだわけですけれども、「教育勅語《ちょくご》」を暗誦しながら、「ああ、これはおふくろから聞いた中江藤樹の話だな、『孝経』の話だな」などと思ったものです。

ところが、国民学校四年（十歳）のとき、敗戦を迎えますと、状況は一転いたしました。教科書の記述は間違っているというので、先生から墨で塗りつぶすように指導されました。今から振り返れば、そのとき先生はずいぶん辛《つら》い思いをされたことでしょう。それ以前は、畳の上に置いてある教科書を跨《また》いで通ってはいかんというほど大事にしていたのですからね。

伊與田　そうですね。

荒井　ご存じのように、それ以降は『孝経』や『論語』を重視した教育ではなくなってしまいました。高校時代に漢文が正式に教育に取り入れられて、『論語』が出てきたわけですが、そこで学んだ内容は、小さい頃、母親から聞いて覚えていた域をほとんど出ませんでしたね。戦後でもまだ漢文教育が比較的充実していた我々の世代でも、その程度の内容にとどまってしまいました。今はその頃より遥《はる》かに薄らいでしまっているわけですから、何をかいわんやです。

伊與田　私はとくに『論語』に惹《ひ》かれていたわけではなくて、先にも申しましたように最初はやはり母親への未練を断ち切りたいという思いが強かったように思います。母親には不満がありましたからね。「どうして私を残して先に死んでしまったのか」と。

ところが、『論語』をだんだん読んでいくうちに「母は早く亡くなって私を孔子に近づけてくれたんだな。母を亡くすことがなかったら、孔子との出会いはなかったかもしれない」とわかってきました。

荒井　それはどのくらい経ってからでございますか。

伊與田　五十の年くらいですね。母を忘れるのに四十年以上かかりました。その時分から初めて心から仏壇の母に手を合わせられるようになりました。

荒井　いいお話ですね。私の場合は反対で、三つのときに父親が亡くなって、母子家庭で育てられました。その母は九十二歳まで長らえましたが、今にして思うと、私たちきょうだいが戦中戦後ひもじい思いをしたことがなかったのは、母がしっかりした性格だったおかげだと思います。

母には感謝のほかないのですが、中江藤樹や『孝経』の話をしてくれたのは、父親を失ったこの子らに寂しい思いをさせてはいけない、立派に育てなくてはならないという気持ちがあったからだと思います。

「身体髪膚《はっぷ》、之《これ》を父母に受《う》く、敢《あ》えて毀傷《きしょう》せざるは、孝の始めなり。身を立て道を行い、名を後世に揚《あ》げ、以《もっ》て父母を顕《あらわ》すは、孝の終りなり」という『孝経』の開巻の一節を覚えたのはこの頃です。こうして身につけた教えがいま私の骨肉になっているんですね。

司馬遷の『史記』を介して『論語』に入る

伊與田　すると、お母さんの導きで『論語』に触れられたわけですね。本格的に読み始めたのは、いつ頃ですか？

荒井　私は大学に入ると東洋史を専攻しましたが、とくに漢代を専門としましたので司馬遷《しばせん》の『史記』や『漢書《かんじょ》』を始終読んでいたんです。その『史記』を愛読する中で、偉大な歴史家である司馬遷が孔子という人物をきわめて高く評価していることを知るんですね。

『史記』は「本紀《ほんぎ》」「表《ひょう》」「書《しょ》」「世家《せいか》」「列伝《れつでん》」から構成されていますが、皇帝の伝記は「本紀」に載り、小国を支配する諸侯の伝記は「世家」に載り、それから一般の優れた人物の伝記は「列伝」という部分に載っています。

この区分に従えば、孔子は国を治める立場にはない一個人であったわけですから、本来であれば「列伝」に載るところです。ところが、司馬遷は「列伝」ではなく一段高い「世家」に孔子を載せているんです。それだけではなく、孔門十哲と呼ばれる孔子の代表的な弟子たちをはじめとする七十七人の個性豊かな弟子たちを「仲尼弟子列伝《ちゅうじていし》」という列伝の中に述べて、孔子教団のことをたたえています。これはいったいどういうことなのだろうかと興味を持ちました。それが一つのきっかけとなって四書（『論語』『大学』『中庸《ちゅうよう》』『孟子《もうし》』）を読むようになったのです。

このようなわけですから、本格的に東洋の古典に触れるようになったのは大学時代でして、ずいぶん遅いんです。ですから、伊與田先生のように人生の大半が『論語』とともにあったというお話を聞きますと、誠にうらやましく感じます。

伊與田先生とは最近も月刊誌『致知《ちち》』で対談させていただいたり、セミナーでご一緒したりする機会がございますが、安岡正篤《まさひろ》先生面授《めんじゅ》の高弟でいらっしゃる方とこのような形でご縁を深めていただいていることを嬉しく思います。

それにしても、お会いするたびに思うことですが、九十六歳のご高齢を感じさせない博覧強記《はくらんきょうき》ぶりにはただただ頭が下がるばかりです。今日はいろいろなお話をお伺いできると楽しみにしております。

伊與田　いや、私のほうこそ荒井先生に教わることばかりです。

第一章

素読は人間を賢くする

子供の発達に絶大なる効果を発揮する素読

荒井　冒頭にお話しいただきましたが、伊與田先生が幼い頃から続けられている素読というものは、古典を学ぶのにはきわめて優れた学習方法ですね。私どものように素読をやったこともなければ、大学に入ってようやく本格的に古典を読み始めたという者に比べますと、遥かに早く『論語』を体得されておられる。要するに生活に密着しているのですね。これこそ本当の教養というものだと思います。

伊與田　私はたまたまそういう環境に置かれたのですけれど、振り返ってみると、それこそ意識していたわけではないが、『論語』の素読を続けていたおかげで小学二年、三年くらいになると、上級生の本をすっと読めるようになっていましたな。そうなろうと思って素読をしていたわけではないけれど、そうなってみて初めて素読の効用というものに気づきました。

荒井　素読の効用という点から考えると、六歳から十歳あたりまでの記憶力のいい時期に古典の言葉を繰り返し読んで諳《そらん》じてしまうのはとても重要だと思います。これをやっていると仁《じん》や君子《くんし》、道《みち》といった言葉の意味がうっすらとわかるようになりますし、それに漢字や歴史的仮名遣いも怖くなくなります。そうすると、今言われたように上級生の本も読めるようになる。もしかすると、もっと上の学校の本も読めたかもしれませんね。それが素読という学習方法のすばらしさというものだと思います。

そう思うものですから、私も今、所長を務めております埼玉・武蔵嵐山《むさしらんざん》の郷学《きょうがく》研修所で親子論語素読教室をやっています。その素読教室では意味は一切言わないんですね。時々子供と一緒に来ている保護者に向けて、道、君子、小人《しょうじん》、仁といったものについて「お子さんから意味を聞かれたら、こういうふうにご説明になればいいのではないですか」と話すことはありますが、それを聞いている子供たちは、それらの意味を結構理解しているのではないかと感じますね。

伊與田　確かに子供というのはそういうところがありますね。

荒井　安岡先生も素読の効用について興味深いことをおっしゃっていますね。小さい子だからといって決して区別しないで教えたと。それで案外子供はわかっているんだとお話しになっておられました。

そのお話をされている安岡先生が三十九歳のときに講演されたものの一部をご紹介いたしますと――

素読の効用というものは、絶大であります。殊《こと》に子供程良い。必ずしもその意味がよく分からなくても宜《よろ》しいのです。これを従来の教育家は忘れてきたというよりは誤って考えて来た。児童には児童の能力があるからして児童の能力で理解させせられるだけのことを教えねば教育にならない。

（中略）子供の精神力というものは、非常に早くから豊かな直観力感受力をもって居る。或る意味に於いて、大人の及ばんものを持って居る。（中略）これは少年教育には忘れてはならぬことです。そこで昔、素読をさせたということは非常に滋味《じみ》がある。分からないでもよろしい。心静かに素読していると分かるようになる。――分かるということは頭の問題――感じる、肝銘《かんめい》する。だから素読は大いに子弟に奨励《しょうれい》なさるが宜しい。

今、素読の一つの実例を伊與田先生からお伺いしてこの話を思い出しました。

素読という共通点があった安岡正篤先生と岡潔先生

伊與田　安岡先生の話にはとても共感いたしますね。それで思い出すことがあります。

湯川（秀樹）博士や朝永《ともなが》（振一郎）博士なんかとちょうど同じ時期に京都帝国大学に行った人で岡潔《おかきよし》という数学者（戦後間もなく文化勲章を受章）がいます。あるとき、この岡先生と安岡先生が同宿されたことがある。そのときにお二人が話をしているのを私は横で聞いていたのです。こんな話です。

安岡先生は幼少の時分から素読をされていて学業が優秀であった。数学とか理科などの教科がいつも満点だったから、将来はそういう方面に行かないかという勧めもあったそうです。すると今度は岡先生が、自分も幼少のときに素読をやっていたというのです。岡先生の父親は仕事で不在がちだったけれども、おじいさんが偉い人で『論語』を手始めに素読を教えてくれたのだ、と。

ところが岡先生は中学校の入学試験に落ちてしまうんです。なんで落ちたかと言うと、昔の算術、すなわち数学の点数が悪くて落ちてしまった。それで仕方なく一年間浪人して翌年中学校に入るのですが、どうしたことか数学のほうへ進むことになったというのです。

「人間というものはわからんもんですな。あなたと私はちょっと方向が違ったな」と談笑されていたのを思い出します。

まあ、そういうしだいで、安岡先生と岡先生という畑違いのお二人に素読という共通点があった。幼少期に素読をする習慣があったということがお二人の人格に及ぼした影響は、少なからざるものがあると思いますね。

自分が主役になれば子供は飽きることがない

伊與田　先生の親子論語素読教室の授業時間はどのくらいですか。

荒井　一時間です。だいたい人間の精神的な力は集中力で一番発揮されますが、普通の小学生の集中持続力というのは一回十分ももちません。中学生になっても十五、六分です。この集中持続力というのは、その人の精神的能力の尺度なんです。

ところが子供が素読をやり始めますと、自分がそこに参加しているからでしょうね、一時間飽きることなく集中しているんです。そして自分が覚えてきた言葉を保護者のほうを向いて大きな声で諳じますと、保護者たちが嬉しそうに、あるいは涙ぐんで聞いています。「うちの子にこんな能力があったのか」と、皆さん驚きます。それでまた褒められ励まされるものですから、さらに集中持続力が続くわけです。

伊與田　自分が主役になるから飽きないわけでしょうね。

荒井　そうなんです。

それで素読というのは日本だけかと思ったら、イギリスなどでもバイロンやキーツの詩を諳じさせますし、ロシアでもプーシキンやレールモントフの長編詩を繰り返し繰り返し音読して覚えさせるそうです。そうすると英語やロシア語の美しさとかリズムがわかるというわけです。

だいたい文章として書かれた本をじっと一人で読むというのは、人類の歴史から見れば、早くてもつい二千年ばかり前の話です。もともとは口で発音し耳で聴く。そこから言語が起こってくるわけです。伊與田先生がご親戚の叔父さんから『論語』をお聴きして、それが心地よかったのでついつい覚えてしまったというお話を聞きながら、私はあらためて素読の意義というものを感じております。

昔の教育は素読から始まった

伊與田　実のところ昔の教育は素読から始まったと言っていいでしょうね。九州日田《ひた》にあった広瀬淡窓《たんそう》の咸宜園《かんぎえん》でも一番大切にしたのは素読です。咸宜園には老若を問わず全国から人が寄ってきましたが、まず素読から始めました。暗誦ができるようになって初めて講義をしたんです。できない者には講義はしなかった。

荒井　暗誦できた人だけに教えたのですね。

伊與田　そうです。私にも似たような経験があります。私は昭和十二年に師範学校を出ましたが、どうしたことか私を慕ってくる者が次から次へとありましてね。はるばる故郷から出てくる者もいました。

あの時分は、よほどの資産家というか、お金の余裕がなかったら子供を学校にやれなかったんです。けれども、私が師範学校を出たものだから、「頼む」というわけで中学の一年か二年くらいの子供たちが次々に訪ねて来るようになりました。それで子供と一緒に生活しながら、勉強を教えるようになったんです。

荒井　ああ、一緒に生活しながら。

伊與田　そうです。それで朝食だけは私がつくるのですが、当時は大阪でもまだガスが普及していませんでしたから薪《たきぎ》で飯を炊くわけです。私は火吹竹《ひふきだけ》で火を熾《おこ》している横に若い連中を置いて、そこで素読をしました。『孝経』から始めて、それから『論語』に入るんですけどね。覚えが悪い者には火吹竹で頭をコツンと（笑）。それでも子供たちは非常に喜んで勉強しましたよ。私からコツンとやられなかったのは一人だけだったね（笑）。

やがてその中から一人、予科練に行ったのがいます。彼は特攻隊で出撃する予定であったけれど、飛行機がなくなって飛べなくなって助かって帰ってきた。その彼が曰《いわ》く、「あのときに教えられた『孝経』を戦場に持っていって、いつも読んでいました」と。そういう話をしてくれましたな。

それが私の教えた最初です。その後、昭和二十八年に有源《ゆうげん》学院というものが発足しましたが、次には山に入って子供たちの研修を始めたんです。

荒井　今のお話を伺って思い出した話があります。昔、西田幾多郎《きたろう》先生が学生たちに、「生死の関頭《かんとう》に立ったとき、君たちは何を思うか」と問われたそうです。率直な学生の一人が「わかりません。先生それは何なのですか」と質問に及んだ。それに答えて、西田先生は短く「それは幼い日に素読して誦じている古典の言葉だ」といわれたという話です。

ところで、その研修に参加する子供たちというのは何歳ぐらいですか？

伊與田　だいたい小学校三年ぐらい。のちには二年ぐらいから年を隠して入れてくれという者も出てきました。それで、だいたい三日ぐらい寝食《しんしょく》を共にして教えるのですが、おじいさんとかおばあさんが心配して一緒に置かしてくれという。それを断って、子供だけで研修をしたんです。

そのときに一番はじめにやったのが『孝経』でした。漢文でやるんですよ。

荒井　本格的ですね。

伊與田　そうです。でも子供ちゅうのは偉いもんですね。一時間ぐらいで読めるようになる。そして三日間やって家に帰ると、『孝経』が相当読めるから得意になって親の前で素読をするんです。そうしたら親が大喜びする。

これを私は〝尋常《じんじょう》研修〟と名をつけて、山を下りるまで三十五年続けました。

荒井　三十五年も続けられたとは、伊與田先生の並々ならぬ思いを感じます。

伊與田　先ほど荒井先生からも出た言葉ですが、

「身体髪膚、之を父母に受く、敢えて毀傷せざるは、孝の始めなり。身を立て道を行い、名を後世に揚げ、以て父母を顕すは、孝の終りなり」

という『孝経』の最初のところ（開宗明義章第一《かいそうめいぎ》）を教えて「名を後世に揚げるというのは誰が揚げるんだ」と聞いたことがあります。そうしたら、皆しばらく考えてから、全員がこう答えました。「これは本人が揚げるのではなくて、人が揚げるんです」とね。これにはようわかっとるなと感心しました。

荒井　それはたいしたものです。

伊與田　荒井先生が素読を教えているのは小学生ですか。

荒井　保育園の年長さんぐらいですね。一番幼いのは三歳を過ぎた頃の子ですが、この子が一番よく覚えましたね。

彼は今、五歳になっていますが、人間の言語能力というのは三歳でほぼ基礎ができあがるそうです。それで覚える力が一番強いのは四歳から十歳ぐらいまでの間でしょう。それからあとは、わかる力＝理解力、それから考える力＝思考力が身についていくわけですね。あるいはそれによって優先順位をつけていく判断力が育っていく。でも、これらは発達段階から見てあとからできてくるものです。

だいたい日本の子供たちはどの子も、外国人が習う外国語の中で世界一難しいと言われている日本語を母親や家族との会話を中心としながら、三、四歳になるとほとんど身につけてしまいます。ですから、ものを覚えるという点では大天才なんです。

素読というのは、幼少期に一生の宝物になるような古典の名句をインプットしてしまおうというわけです。意味はあとでわかり、あとで考え、あとで理解すればいい。その順序を間違わなかったところが、素読という学習方法の一番優れた点ですね。

伊與田　今の教育も素読から始めてみれば、子供たちは大いに変わると思います。本当は学校教育で行うのが望ましいですが、難しいというならば、家庭の中で、親子で素読をするような習慣ができるといいんですけれどね。

荒井　伊與田先生は『「大学」を素読する』（致知出版社）のまえがきでこうおっしゃっておられます。

「素読は天命に通ずる先覚《せんかく》の書を、自分の目と口と耳とそして皮膚を同時に働かせて吸収するのです。これを読書百遍で繰り返し繰り返し続けることによって、自《おのずか》ら自分の血となり肉となるのです。それが時あって外に滲《にじ》み出ると風《ふう》韻《いん》となり、そういう人格を風格ともいうのです」と。

素読を続けることによって自然と人間が練られ、風格ある人となっていくというわけですね。先ほどの西田先生の話にも通じるところがあり、これは貴重なご指摘です。同時に、そのスタートはできるだけ早いほうがいい、ということになりますね。

素読は天命に通ずる先覚《せんかく》の書を、自分の目と口と耳とそして皮膚を同時に働かせて吸収するのです。これを読書百遍で繰り返し繰り返し続けることによって、自《おのずか》ら自分の血となり肉となるのです。それが時あって外に滲《にじ》み出ると風韻《ふういん》となり、そういう人格を風格ともいうのです——伊與田

第二章

『論語』と日本人

日本人の国民性とマッチしていた『論語』

荒井　素読という教育方法もその一つですが、考えてみますと、『論語』などの東洋の古典が日本人の間にここまで浸透してきたのは、長い年月にわたる先人の努力の集積と言えそうですね。

伊與田　そう思います。歴史を振り返りますと、『論語』は外来文化の先頭を切って日本に入ってきました。応神天皇の十六年、西暦で言えば二八五年に朝鮮の百済《くだら》から王仁《わに》博士によって伝えられたと言われていますから、千七百年ほども前のことになります。

まぁ、今の若い人たちはこんな歴史をほとんどご存じないと思いますが、一番はじめに王仁博士から『論語』を学んだのは皇太子の菟道稚郎子《うじのわきいらつこ》でした。それから、のちの仁徳天皇やら皇子たちが学び、役所の相当高い位の者が学びました。

荒井　『論語』が入ってくるときには何もトラブルがなかったようですね。

伊與田　ええ。仏教もキリスト教も同じ外来文化ですけれども、これらが入ってくるときには国内で様々な抵抗がありました。ところが、『論語』だけは何の抵抗もなく受け入れられています。

しかも、『論語』は日本文化を発展させる上において大きな力になりますが、かといって日本が中国化することはありませんでした。これは日本の文化がかなり進んでいたからでしょう。

それとともに、『論語』が入ってきた時分、日本にはまだ漢字のような整った文字がなかったために記録としては残っていませんが、『論語』がスムーズに受け入れられたというのは、それまでの日本の文化と相通じる部分があったということでしょうね。

荒井　そう考えてもいいでしょうね。

それから、王仁博士は『論語』と併せて千字文《せんじもん》を日本に持ってきたと歴史書には記されています。その千字文もまた、文字のなかった日本の漢字としてそのまま使われるようになるわけですね。

日本で初めて書物がつくられたのはいつかと言えば、『古事記』『日本書紀』ができたのが八世紀のはじめ、西暦だと七〇〇年代の一〇年とか二〇何年といったところです。そして『万葉集』が完成したのが七五〇年代でしょうか。そうしますと、記紀万葉ができたのは、応神天皇のときに『論語』が入ってきてから四百数十年経っている計算になります。

そういう意味では、『論語』は日本人の精神を形成するのに大きく影響しているはずです。日本人の骨肉になっていると言ってもいいと思います。

ですから伊與田先生がおっしゃるように、『論語』と日本人の国民性、メンタリティが見事に合致していたのでしょうね。

伊與田　そのように思います。

荒井　それゆえ、『論語』は江戸時代には寺子屋を通して庶民にまで広がり、明治期の「教育勅語」へと繋《つな》がっていくわけですね。

中国から日本に帰化した評論家の石平《せきへい》さんが「日本人ほど『論語』を生活に取り入れている国はない」と言っていますが、世界の諸民族の中で『論語』をここまで生活に密着させたという点では日本が一番でしょう。

『論語』だけではなく、仏教も入るときに廃仏崇仏《はいぶつすうぶつ》論争があったと言われますが、ひとたび入ってくるとそれを日本に教えた国よりも自分のものにしてしまう。たとえば、今、世界に禅という哲学を発信しているのは、インドでもなければ中国でもなく、日本ですからね。

その意味で、日本人の持つ、優れた普遍性を持った世界文化を取り入れるという点の見事さは誇るべきものがあります。しかも迅速かつ巧妙に取り入れています。

伊與田　それは日本人の特質ですね。

世界の諸民族の中で『論語』をここまで生活に密着させたという点では日本が一番でしょう。日本人の持つ、優れた普遍性を持った世界文化を取り入れるという点の見事さは誇るべきものがあります。——荒井

優れた文化を選択的・主体的に受け入れる日本人

荒井　さらに言えば、単なるモノマネではないんですね。きわめて選択的・主体的に取り入れています。

たとえば、『孟子』が日本に伝えられるときの話がありますね。『孟子』を日本に持って帰ろうとすると、その船は嵐に遭《あ》って難破《なんぱ》するという伝説があったことが後世の明の『五雑組《ござっそ》』という本に書かれています。日本は万世一系の天皇が統治する国ですから、易姓《えきせい》革命を認めた『孟子』が入って来ると矛盾を生じることになる。だから『孟子』は日本にとっては国禁の書だったんですね。それゆえ船が転覆するという伝説になったものと考えられます。

ところが、日本人は結局、後にはそうした『孟子』をも受け入れていますからね。優れた国際性、普遍性を持った文化を入れるとき、日本人は非常に選択的・主体的になるということの代表例となる伝説なのです。ですから、本当に害のあるもの、不要なものは決して取り入れませんでした。

ただ一度、その選択性、主体性が維持できなかったのが、先の終戦から約七年間続いた連合軍による占領時代です。あの時代は、占領軍の要求に従うしかありませんでした。

伊與田　GHQ（連合国軍最高司令官総司令部）は日本を改変するんだということで、様々な面で強制を行いましたからな。日本人の民族意識を断ち切ろうとした。

荒井　ええ。しかしそれ以外のときには、全部日本人は取捨選択して主体的に判断しているんです。

堺屋太一《さかいやたいち》さんなどは、優れた文化を受け入れた日本人がそれを自分のものにするのに必要な時間は四十年だと言われています。

青銅を鋳造《ちゅうぞう》する技術を受け入れてから奈良の大仏をつくるまで四十年。

「泰平《たいへい》の　眠りをさます　上喜撰《じょうきせん》　たった四杯で　夜も寝られず」と狂歌にも詠《よ》まれた蒸気船（黒船）を見てから世界一の造船国になるのに四十年。いつの間にか戦艦大和《やまと》や武蔵を設計していたというすごさがあります。

今、伊與田先生のお話を伺っていて、その端緒《たんしょ》になったのが『論語』だったのだと気づきました。

酒が取り持った大陸と日本の文化融合

伊與田　私はね、もう一つ、酒の力というものがあると思うんです。

荒井　酒の力ですか。

伊與田　ええ。王仁博士が日本に来るときに酒造りの名人を連れてくるんですよ。

荒井　あぁ、そうなんですか。

伊與田　その杜氏《とうじ》は日本で酒を造って応神天皇に奉《たてまつ》るんです。そうしたところ、応神天皇は「この酒はいい酒だ」と大変ご満悦になって、酔って杖で石を叩いてお歌を歌う。これは『古事記』に出ていますよ。

須須許理《すすこり》が　醸《か》みし御酒《みき》に　我酔《われえ》ひにけり
事無酒《ことなぐし》　笑酒《えぐし》に　我酔ひにけり

この酒が『論語』と日本人を繋いでいるところがあるのではないかと思うのです。というのは、仏教でも、キリスト教でも、イスラム教にしても、だいたい酒は禁止しているでしょう。ところが、『論語』には「酒は量無く乱に及ばず」（郷党篇《きょうとうへん》）とか「酒の困《みだれ》を為さず」（子罕篇《しかんへん》）とあるように、酒を容認しています。孔子さんは酒が好きだった（笑）。

それから、日本の神様を見ると、お神酒《みき》をあがらない神様はいません。祭典のあとには必ず直会《なおらい》というものがあって、酒を飲み、神饌《しんせん》を食べて打ち上げとしますね。だから、酒に抵抗がない。

仏教でも、ご承知のように、入った時分は坊さんは禁酒ですね。「葷酒《くんしゅ》山門に入《い》るを許さず」（匂いの強い野菜や酒を境内に持ち込んだり、それらを口にした者が入ることは許されない）というわけです。酒を飲んだことがわかったら破門されてしまう。のちに戒律が少し変わって、ちょっと緩めることになりますけれど、元来は禁酒です。その点だけは、仏教は日本人と合わなかった。

そう考えると、王仁博士が連れてきた杜氏が造った酒を介して大陸の文化と日本の文化が融合したという面もあったと思うんです。それからあと、日本では酒造りが非常に盛んになって銘酒も出てくるようになりますし、『論語』がすっと入ってきたのにも、この酒がかかわっていたのではないかと私は思っています（笑）。

荒井　いや、面白い話ですね。

伊與田　それから外来の漢文を日本流に読んでしまうあたりも、また日本人の優れたところですね。

荒井　そうですね。漢文という古代中国の文章は支那《しな》チベット系の言葉（シノ・チベタンス系）で書かれていますから、日本の文章（ウラル・アルタイクス系）とは言葉の順序が違います。これを変えないと読めませんから返り点が必要だ、と。それから、漢文には日本語の助詞に当たる言葉がありませんから、〝てにをは〟をつける。

この送り仮名と返り点によって他の国の古典を日本語に変えてしまったわけです。漢文の左側に返り点、右側に送り仮名（訓点）をつける、いわゆる訓読法は日本人が外来文化を取り入れるに当たって最も大きな発明だったと思います。

このようなわけで、日本の言語というのは二系統のものが一緒になっているから難しいのですが、一方で、日本独特の漢字仮名交じりの文章は、日本語の豊かさそのものの証しと言えますね。いわば、ハイブリッドな文化、言語なんですね。

なぜそのようなことができたのかと考えるのですが、八百万《やおよろず》の神々に象徴されるような、すべての存在の中にスピリットを認め、それぞれが共存する和を尊ぶ精神的土壌が日本人の強みである包容力、受容力に繋がり、それが外来文化を受け入れるに当たって生かされたのではないかと私は思うんです。

伊與田　それに加えて申し上げれば、百済《くだら》人の王仁博士もまた鷹揚《おうよう》なところがあったようですね。日本に来て日本語をいち早くマスターしている。そして仁徳天皇が皇位にお就きになったとき、お祝いの和歌を奉っています。だから、王仁博士も日本に同化しようという気構えがあったのでしょう。

『論語』を日本中に普及させた徳川家康と寺子屋

荒井　その『論語』がなぜ今日まで読み継がれているかということですが、私なりに一言で申し上げれば、人間や国家社会のあるべき理想的姿、リーダーのあり方について不朽《ふきゅう》の真理を含んだ知恵の宝庫だからなのだと思います。二千年の時を経て、国も読む人も変わりましたが、いつも人々を魅了《みりょう》し続けたのは、そこにある時空を超えた普遍性、不易性《ふえき》ゆえではないでしょうか。

日本人はその普遍性、不易性を自分たちのものとして消化し、歴史を通して民族の精神にまで定着させてきたわけです。『論語』は今、英語に翻訳されて欧米でも大変読まれていますから、文字どおり世界の古典と言っていいでしょう。その世界の古典の中の古典を一番消化して我がものにしたのが日本人なのだと思います。

伊與田　そのとおりだと思いますね。
　それに関連する話ですが、私は戦後、二年ほどかけて徳川光圀《みつくに》の『大日本史』を通読したことがあるんです。

荒井　あの大著《たいちょ》をですか。

伊與田　昭和二十一年に太平思想研究所を開いた頃でしたが、毎日十二、三時間座って『大日本史』を読みました。そうすると、もう至るところに『論語』の言葉が出てくる。『論語』を素読し暗誦していなかったら、こういう本は到底書けるものではありません。これは要するに、指導者層の間で『論語』がそれだけ連綿と切れないで繋がってきたということでしょう。指導理念の根底には常に『論語』があったのではないかと私は思います。
　ただ、先ほどの荒井先生の寺子屋のお話にあったように、『論語』が一般に広がるのは江戸時代になってからですね。徳川家康自らが今川氏の人質のとき以来『論語』を学びましたから、誰でも自由に『論語』を読めばいいという雰囲気になったのでしょう。それまでは庶民には『論語』の断片的な言葉が知られていた程度でした。というのも、清原家や菅原家といった特定の家だけが『論語』を教えることを許可されていたからです。それが江戸時代になると、自分の意思で自由に読めるようになったわけです。

とはいえ、自由に読んでいいと言うだけではなかなか民衆は従いませんから、家康自らが一所懸命『論語』を読んで勉強をしました。それで断片的に知られていた『論語』が広く普及するようになりました。各大名もこれに倣《なら》い、やがて民間からも優れた学者が出てくるようになったと。

だから、日本の指導者の理念の根幹にはずっと『論語』があったと私は思うんです。織田信長とか豊臣秀吉が『論語』を読んだ気配はないけれど、加藤清《きよ》正《まさ》は非常によく読んでいますね。これはリーダー層に『論語』が広がっていた一つの証拠と見ることもできます。

それから今も申し上げましたが、一般の民衆は直接『論語』を読む機会はあ家康は「武をもって天下をとり、文をもって天下を治める」と考えて、文治政策をとりました。その「文」の一番の中心が孔子の教えであり、孔子の教えの中の一番の中心が『論語』であるというので、『論語』を一所懸命勉強しました。それが徳川二百六十年の太平を保つ源になったんですね。――伊與田りませんでしたが、そこに書かれた言葉の意味がいくらかは伝わっていた。おそらくそれらの言葉を使って子供を躾《しつ》けるなどしていたのでしょう。

それを広く普及させたのが、家康だったわけですね。家康は「武をもって天下をとり、文をもって天下を治める」と考えて、文治政策をとりました。

その「文」の一番の中心が孔子の教えであり、孔子の教えの中の一番の中心が『論語』であるというので、『論語』を一所懸命勉強しました。それが徳川二百六十年の太平を保つ源《みなもと》になったんですね。

荒井　そう考えると、徳川幕府の文治政策は大きな転機となりましたね。徳川幕府が国を治め維持するために、儒教、とくに朱子学という壮大に再編成された学問を官学としたことによって、それが各藩にも伝わった。また、幕府が昌平黌《しょうへいこう》といういわば中央の大学をつくると、今度は各藩がそれぞれ藩校をつくり、その分校のような学校ができました。これが一般に広がって寺子屋になっていくわけですね。

こうした流れで『論語』が庶民にまで広がったということなのでしょう。全国の寺子屋の数は現在の郵便局より多かったと言われています。それくらい国内に定着し、それが当時世界一と言われた識字率の高さに繫がっていくわけです。この国の民度を高めるために寺子屋が果たした役割は計り知れないものがありますね。と同時に、そこで教えられた『論語』が日本人の骨格をつくり上げていったのですね。

第三章

語り尽くせない『論語』の魅力

弟子と子孫によって伝えられてきた『論語』

伊與田　『論語』というのは成立した時期がわからないんですね。わからないけれども、孔子が亡くなったあと、孔子の門から弟子たちがそれぞれ独立して先生の教えを伝えていった。それから孔子の家でも、歴代の子孫が伝えていきました。そこで弟子たちの教育もし、先祖のお祭りもしながら連綿として続いていったわけですね。

そして孔子の死後約四百年もあとになって出た司馬遷が『史記』を著します。司馬遷は孔子の生まれた曲阜《きょくふ》へ行って、そこで孔子が相変わらず祭られ、その教えが受け継がれていることに驚き、感動するんですね。それで、資料を集め始める。

荒井　先生がおっしゃるように、司馬遷は父親の司馬談《たん》から『史記』を書き続けることを託されるにあたって、ともかく現地に行ってみろと助言されるんですね。曲阜へ行けば曲阜に伝わる孔子の風があるというわけです。それで彼は曲阜に行って、いろいろ調査した上で『史記』に書いています。

現実的には『論語』のような古い古典がいつ頃できたかというのはなかなかわからないので、推測するしかないのですが、『論語』を読むと、孔子以外の人物に〝子〟をつけて呼んでいる場合がありますね。それは曽子《そうし》と有子《ゆうし》などですが、この記述は曽子や有子の弟子が自らの師について言ったものと考えられます。

したがって、曽子や有子の弟子たちの時代に『論語』が編纂《へんさん》されたのではないかという説もあります。孔子を起点に考えれば、三代ぐらいあとの弟子がつくったものと見当をつけることはできそうです。

具体的に年代を確定することはできませんが、司馬遷も孟子も『論語』を引いて議論をしていますから、当然、彼らの生きていた頃には『論語』はあったわけですね。

伊與田　そうですね。すばらしいのは、孔子の教えを子孫がずっと伝えてきているというところでしょう。

いま孔子の直系の子孫は七十九代だそうですが、個人の家系がそれだけ続いているというのはすごいことです。釈迦《しゃか》はわかりませんし、キリストは磔刑《たっけい》にされて最期を遂げましたしね。マホメットなどはずっと新しいでしょう。孔子の七十九代というのは、そう狂いはないと思いますね。

弟子の問いを自分に置き換えて孔子の教えを学ぶ

伊與田　いずれにしましても『論語』という書物は、読めば読むほど奥が深く、読む者を魅了してやまないだけのものを持っておりますね。

荒井　はい。小説『孔子』を著した井上靖さんがおっしゃっているように、苦労や逆境など様々な人生経験をした人ほど『論語』を深く理解できるのではないでしょうか。私はこれが『論語』の一つの大きな魅力なのだと思います。

しかも、一つひとつの話が具体的でわかりやすい。また『史記』の「仲尼《ちゅうじ》弟子《ていし》列伝」を読むといっそう感じるのですが、『論語』の面白さを深める要因として個性豊かな弟子たちの存在があると思うんです。

そして孔子と弟子たちの問答を見ましても、弟子たちの個性に応じた答えを孔子が授けている。お釈迦様ではありませんが、人を見て法を説いているところがすばらしいと感じます。

『論語』を読むと、一番多く登場する弟子は子路《しろ》で、四十三回出てきます。孔子が愛してやまなかった顔回《がんかい》は若くして死にましたから十七回しか出てこない。それから子貢《しこう》が三十三回出てきますが、この人もまた優秀な人物だったらしい。そして、先生の孔子自身が出てくるのが四十九回なんですね。

そういうふうにして、曽子《そうし》、子貢《しこう》、子路、顔回といった優秀な弟子たちが出てくる一方で、宰我《さいが》みたいに年中怒られている人も出てくる。そうした弟子たちの個性に応じて、孔子は生涯をかけて人間の生き方を教えている。ここが第一の魅力だと思っています。

第二に、『論語』の師弟の問答は自分に置き換えて読むことができる。『論語』をどこか遠い昔の孔子教団の話と思って読みますと、他人事《ひとごと》として理解するだけですが、子貢や子路など弟子たちの問いを自分に置き換えてみていくと、つまり、自分がその質問をしていると想定してみると、誠に面白いということにも気づきました。ある北宋の学者が

「弟子の問いを我が問いとして、孔子の教えを我に対する教えとして尊ぶ」

ということを言っていますが、まったく同感です。

それから五経の一つである『礼記《らいき》』の中に「学記」という教えと学びの原則について書いている部分がありますね。そこに

「善く問いを待つ者は、鐘を撞《つ》くが如し。之《これ》を叩《たた》くに小なる者を以てすれば

ある北宋の学者が
「弟子の問いを我が問いとして、孔子の教えを我に対する教えとして尊ぶ」
ということを言っていますが、まったく同感です。——荒井

則《すなわ》ち小さく鳴り、之を叩くに大なる者を以てすれば則ち大きく鳴る」

とあります。これはおそらく孔子を眼中に置いた言葉だと私は思うのですが、要するに、相手が深い問い方をすれば深い答えをし、浅い問いしかできない者には浅い答え方をしている。この問答のすばらしさが形の上での『論語』の面白さであるように思うのです。

伊與田　おっしゃるとおりです。

孔子とはどういう人物か――孔子の自画像

荒井　それに加えて、短い言葉の中に深い真理がこめられている。このことにも私は感服いたします。

たとえば、為政《いせい》篇には有名な次の一節があります。

子曰《のたま》わく、吾《われ》十有五にして学に志し、三十にして立ち、四十にして惑わず、五十にして天命を知り、六十にして耳順《したが》い、七十にして心の欲する所に従えども矩《のり》を踰《こ》えず。

（先師が言われた。「私は、十五の年に聖賢の学に志し、三十になって一つの信念を以《もっ》て世に立った。然《しか》し世の中は意のままには動かず、迷いに迷ったが、四十になって物の道理がわかるにつれ迷わなくなった。五十になるに及び、自分が天のはたらきによって生れ、又何者にもかえられない尊い使命を授けられていることを悟った。六十になって、人の言葉や天の声が素直に聞けるようになった。そうして七十を過ぎる頃から自分の思いのままに行動しても、決して道理をふみはずすことがなくなった」）

私は、最も短くしかも整った孔子の自叙伝はこの僅《わず》か数行の文章に尽くされているのではないかと思っています。

それから孔子自身が描く自画像としては、自分はこういう人間であると弟子に語った述而篇《じゅつじ》の次の言葉が挙げられます。

憤《ふん》を発しては食を忘れ、楽しんでは以《もっ》て憂《うれい》を忘れ、老《おい》の将《まさ》に至らんとするを知らざるのみ。

（道を求めて得られないときには自分に対していきどおりを起して食事を忘れ、道を会得《えとく》しては楽しんで心配事も忘れ、そこ迄《まで》老いが迫っているのも気付かないような人だ）

この言葉は、葉公《しょうこう》（楚《そ》の国、葉県《しょうけん》の長官）が子路に「孔子というのはどういう人なのか」と尋ねたとき、子路が答えられなかったという話を受けて、孔子自らが語ったものですね。

伊與田　確かにこの言葉は短いけれども、孔子の人となりをよく表しておりますね。

荒井　それから私が孔子の人柄の中でとくに惹かれますのは、子路篇にある次の言葉に表されている部分なんです。

我が党の直《なお》き者は是に異《こと》なり。父は子の為《ため》に隠し、子は父の為に隠す。直きこと其《そ》の中《うち》に在《あ》り。

（私の方の村の正直者は、少し違います。父は子のためにかくし子は父のためにかくします。このように、父と子が互いにかくしあう中に、人情を偽らない本当の正直があると考えます）

これは孔子が先に名前の出ました葉公と問答をしたときの言葉です。葉公はこう言ったのですね。

「吾が党に直躬《ちょくきゅう》なる者有り。其の父、羊を攘《ぬす》みて、子《こ》之を証《しょう》す」（私の村に正直者と評判のある躬という者がおります。彼の父が羊を盗んだのを訴え出て、証人となりました）と。

それに対して孔子は前述のように答えました。普通ならば、父が羊を盗んだのを見た子はそれを立証したほうが正直なように思います。しかし、孔子の考える正直者というのはそうではなくて、互いに隠し合うことこそが人情に基づいた本当の正直というものだというわけですね。

この孔子の人心の妙趣《みょうしゅ》を心得た教えはすばらしいと思います。

伊與田　ものには筋や道理というものがあります。これを理というわけですが、理にもいろいろありますね。人間の心情を重んじる情理もあれば、法を大事に守る法理もある。

葉公が孔子に言った言葉は、法理を尊んだわけでしょう。だから、子といえども親の罪を訴え出たのは孝行者であると言った。それに対して孔子は、法理の上に情理というものがあると言ったわけですね。そこに人間の世界があるのではないか、と。

中国は文化大革命の頃、密告を推奨していました。そのときに劉少奇《りゅうしょうき》という優れた政治家が告発されました。密告したのは実の娘です。その結果どうなったかと言えば、劉少奇は市中を引き回され、娘は英雄としてたたえられた。しかし、こんなことでは家族の間でも信頼関係というものは成り立たないでしょう。

だから孔子は、お互いに庇《かば》い合うことが大切だと説いた。法理よりも情理をわきまえることが大事ですよ、と言ったわけですね。

荒井　孔子の人間らしさがよく感じられる言葉です。

発せられる言葉から滲み出る孔子の豊かな人間性

荒井　それから孔子は弟子たちの人間的な短所というものをよく見ていますね。

しかし、その視線に温かい思いやりが感じられます。先進篇《せんしんへん》に弟子の子羔《しこう》（柴《さい》）、子輿《しよ》（曽子／参《しん》）、子張《しちょう》（師《し》）、子路（由《ゆう》）を評している言葉がありますね。

柴や愚《ぐ》、参や魯《ろ》、師や辟《へき》、由や喭《がん》。
（柴はきまじめ。参はのろま。師は見え坊。由は粗野でがさつ）

孔子はこれを本人たちの目の前で言っているのに、弟子たちはそれを喜んで認めている。人間の長所と欠点をよく見た上での教えなのだな、という感じが伝わってきます。弟子たちの人間的な短所や欠陥に対する温かい思いやりを持っている、そんな孔子の情の深さに私は惹かれます。
それと同時に、述而篇にある次の言葉からは謙虚さが感じられます。

我は生れながらにして之を知る者に非ず。古《いにしえ》を好み、敏《びん》にして之を求めたる者なり。

（私は、生れながらに道を知る者ではない。古聖の教えを好み進んで道を求めた者である）

さらに、述而篇にある

天、徳を予《われ》に生《な》せり。桓魋《かんたい》其れ予を如何《いか》にせん。

（天は私に徳を授けられている。桓魋ごときが私をどうすることもできないだろう）

＊桓魋は宋の司馬（軍務大臣）で孔子を殺そうとした。

という言葉からは、強い使命感と信念が同居していることが感じられます。

我は生れながらにして之を知る者に非ず。古を好み、敏にして之を求めたる者なり。――『論語』述而篇

（私は、生れながらに道を知る者ではない。古聖の教えを好み進んで道を求めた者である）

私はこうしたところに、孔子の人間としての魅力、人間性の豊かさを感じるのです。

伊與田　そうですね。

荒井　『荘子《そうじ》』は

「古《いにしえ》の道を得たる者は、窮《きゅう》するもまた楽しみ、通ずるもまた楽しむ。楽しむ所は窮通《きゅうつう》に非《あら》ざるなり」

と言っています。孔子学派のライバルであった荘子ですが、実は孔子にぞっこん惚《ほ》れ込んでいたのではないかと思います。この言葉などは、まさに孔子を下敷きにして一般化して言っているように見えますね。

また、欧陽脩《おうようしゅう》の

「夷険一節《いけんいっせつ》」、すなわち「逆境にいても順境にいても節を変えない」

という言葉も、孔子を下敷きにしているのではないかなと思っています。

あるいは、近江聖人《おうみせいじん》中江藤樹の言葉に

「順境にいても安んじ、逆境にいても安んじ、常に坦蕩々《たんとうとう》として苦しめるところなし。これを真楽《しんらく》というなり」

とありますが、これも孔子の生涯を見て、それを下敷きにして言っているのではないかと思ったりいたします。

伊與田　孔子さんという人は礼というものを非常に重んじた人ですが、時々礼に外れたこともしました。たとえば、顔回が亡くなったときに慟哭《どうこく》しましたね。これは中国の礼には反する行為なんですね。

なぜ、礼を重んじる孔子が礼に反することをしたのか。孔子さんの七十七代子孫の孔徳成《こうとくせい》先生のご令息孔維益《こういえき》さんが先生に先だって亡くなったときに、私は初めて中国の葬式に出席したのですが、そこで孔子の慟哭の意味がはっきりわかりました。

中国の葬式というのは、はじめに線香を立てて、次にお花をあげます。そしてその次にお酒をあげるんです。日本では、神道の場合にはお酒をあげますが、仏教の葬式ではお酒はあげませんね。でも、向こうではお酒をあげるんですね。それで、最後に泣く真似をするのですが、これがなかなか難しい（笑）。中国人は慣れているせいかなかなかうまいけどね（笑）。これが中国の葬式の一連の礼なのです。

ところが、自分の親族や親が亡くなった場合には、これに一つ加わるものがある。それはとくに慟哭の「慟」の字で表されるものなのですが、〝なり振りかまわずに泣く〟のです。「慟」というのは動作を表していて、体を震わせて泣くという意味がある。

つまり、慟哭というのは、人前もわきまえないで感情の趣《おもむ》くままに大声を上げて泣く。それが親や親族の死に対する礼なんです。

孔子は、顔回の葬式に行って慟哭するんですね。それを見たお弟子さんがいたのでしょうね。慟哭している孔子の様子を見て、

「先生は平生《へいぜい》、葬式の定義についてお話しになって、親族以外には慟してはな

らないと言われていますが、親族でない顔回のために身もだえして泣き崩れておられましたね。それは礼に反しているのではないですか?」と聞く。それに対して孔子はこう答えています。これは先進篇にある言葉です。

夫《か》の人の為に慟《どう》するに非ずして誰が為にかせん。

(顔回の為に身もだえして泣かなかったら、一体誰の為に泣くんだ)

つまり、礼なんていうものを超えて、孔子は最愛の弟子の死を悼《いた》んだんですね。

荒井　そうですね。孔子は決して格式一辺倒の人ではありません。

直系・傍系を問わず、今も孔子を尊崇する子孫たち

伊與田　孔子の人間味ということについて言えば、もう一つ、雍也《ようや》篇にある冉《ぜん》伯牛《はくぎゅう》という弟子がハンセン病にかかって見舞いに行ったときの話がありますね。伯牛は遠慮をして、孔子と面会することを拒むわけですね。ところが孔子は窓のところから伯牛の手をとって泣いて、

斯《こ》の人にして而《しか》も斯の疾《やまい》あるや、斯の人にして而も斯の疾あるや。

（惜しい人がなくなる。天命かなあ。それにしてもこのような立派な人物がこんな疾にかかるとは。このような立派な人物がこんな疾にかかるとは）

と、天を恨むような言葉を口にしています。

今だったらハンセン病は伝染病にあらず、ということがわかっていますが、あの時分は触ることもできなかった。ところが、孔子は伯牛の手を握って嘆いている。これも孔子の人間味を感じさせる場面ですね。

荒井　「斯の人にして而も斯の疾あるや、斯の人にして而も斯の疾あるや」と繰り返して言うんですね。あれはすばらしい場面ですね。

伊與田　すべて悟り切ったような先生が、弟子たちがびっくりするようなことをあえてやった。でも、これは意識してやったものではないでしょう。自然に出てきたもの、本当の誠から出てきたものだろうと思います。そこに孔子の魅力というものがありますね。

これは孔子という人が、肉親の絆というものを非常に重んじたということを表していると思います。

だから、子孫がその教えを伝えたのでしょうね。孔子を慕い、お祭りし、継承していった。どこにも義務的なところがないんです。本当に孔子に心から親しみ、そして敬い、忘れえぬ人としてずっと大切に伝えていったわけです。

荒井　本当ですね。

伊與田　二代や三代は続きますけれど、今の孔垂長《こうすいちょう》さんは七十九代ですからね。その間には秦の始皇帝の焚書坑儒《ふんしょこうじゅ》もありましたし、毛沢東《もうたくとう》の文化大革命のときは徹底的に孔子の教えを迫害し、その子孫を撲滅《ぼくめつ》しようとしました。それなのに子孫が先祖を恨むことがなかったんですな。

文革の時代には、郭沫若《かくまつじゃく》という『論語』の研究者が自己批判をしましたし、あっさりと「孔子の教えは間違っている」と手のひらを返す学者もたくさんいました。要するに彼らは自己防御をしたわけです。

そういう時代ですから、孔子に一番近い子孫はずいぶん迫害されたんですよ。七十七代の孔徳成先生もそうですし、姉の孔徳懋《こうとくぼう》先生は有名な家にお嫁に行かれましたが、中国はご承知のように夫婦別姓ですから孔姓を名乗っていたためにずいぶん迫害を受けています。

それなのに一言も先祖について恨みがましいことを言わないのです。先祖に対する愚痴《ぐち》は一切なしに、心から尊敬をしながら祭っておられました。これは孔子の子孫ばかりでなくて、曽子の子孫も孟子の子孫も同じです。自分を守るために先祖を貶《おとし》めるようなことは一切しなかった。

さらに言えば、それは直系だけでなくて、傍系《ぼうけい》も同じです。

孔子の子孫には、本家があって、傍系が十二家あります。その中の一人が私を訪ねてきたことがあります。この方は孔令朋《こうれいほう》という名の人で、体の大きな方でした。文革で迫害を受け、車引きをさせられたそうですけれど、一言も先祖の悪口は言いませんでした。この人には男の子が何人かいて、後に、一人は上海《シャンハイ》の教育長になり、一人は日本に帰化して時々私のところにやってきます。

そういうわけで、傍系に至るまで先祖の悪口を言う者がいない。そして、孔子の子孫であることを今でも誇りにしているというのですから、孔子の人間的魅力というのは大変なものです。これに勝るものはないでしょう。

荒井　すばらしいことです。

五十歳以前の孔子と五十歳以降の孔子はここが違う

荒井　伊與田先生は『論語』の魅力をどのようにお感じになりますか。

伊與田　一言で言ったら年をとるほど味が出てくる。若いときに読んだ感覚、中年で読んだ感覚、老年になって読む感覚、これがその時々によって新鮮なんです。

これまでわからなかったことが、この年になってひょっとわかったりすることもあります。同じように読んでいながら、内容は大きく変わっていく。そうなると、読むのをやめようと思ってもやめられるものではありません。

荒井　それで今も毎日読んでいらっしゃるのですね。

伊與田　一日に一篇ずつ声を出して読んでおります。ですから一か月で『論語』一冊を一回半読むことになります。一年では十八回ですね。

それから『論語』の面白いのは、孔子の言葉がいつ頃発せられたものなのか明確に書かれていない点にあると思います。いつ頃の言葉かはわからないけれども、私は「五十にして天命を知る」と言った以降の問答が多いような気がするんです。

というのは、心の障壁がなくなって非常に整った言葉になっているような印象を受けるからです。融通無碍《ゆうずうむげ》なところがあります。これは人の声ではない、天の声ですよ。ところが、一般に理解できるように、孔子はあえて人の言葉で話をしています。こんなことを言うと新興宗教のようですが（笑）。

荒井　五十歳以前の孔子と、それ以降の孔子の心境はどのように違うと先生はお考えですか。

伊與田　これについて学者と呼ばれる人はなかなか述べていません。学問として『論語』を研究している人と、道を求めるために『論語』を学んでいる人の

（『論語』の魅力を）一言で言ったら年をとるほど味が出てくる。若いときに読んだ感覚、中年で読んだ感覚、老年になって読む感覚、これがその時々によって新鮮なんです。これまでわからなかったことが、この年になってひょっとわかったりすることもあります。――伊與田読み方の違いがそこにあると私は思います。今も言いましたが、五十歳を過ぎた孔子の言葉は学問を一歩超えていますからね。

ご承知のように孔子は幼少時に学への志を立てて以降、人や書物からずいぶん勉強しています。当時としてはずば抜けた学者だったと思います。しかし、それでも孔子自身は何か足りないものを感じていたのでしょう。

荒井　足りないものですか？

伊與田　「四十にして惑わず」というのは、現代で言えば見識が優れ、人からも称賛される境地ですが、一方、同じ『論語』の述而篇の中で、孔子はこう述べていますね。

我に数年を加え、五十にして以て易《えき》を学べば、以て大過《たいか》無《な》かるべし。

（自分に数年を加えて五十になる頃までに易を学べば、大きな過はなくなるだろう）

勉強を重ねて「四十にして惑わず」とは言ったものの、どこか安心できないところがあったのでしょう。それから悩みだし、五十にして天命を知った。

荒井　それまでは絶対的境地には至っていなかった、と。

伊與田　易も天というものを根本に置いていますから、孔子はそこから一つのヒントを得たのかもしれませんね。

しかし「天とはなんぞや」と追究しても、なかなかわかるものではない。それで人知れず苦労したのだと思います。お釈迦様のように難行苦行をしたわけではないですからね。普通の生活をしながら道を究めるのは、言うべくして難しいことに違いありません。

すべてを投げ捨てたとき、新たな境地が拓ける

伊與田　私は「天命を知る」というのはお釈迦様の悟りにも似た境地だと思います。ただ、悟りを得るためには、それまでのものをすべて投げ捨てないといけません。

荒井　そこには学問も含まれるのですね。

伊與田　ええ。一生苦労して身につけたものを捨て去るわけですから、これはなかなか難しい。孔子もまた捨て切ったときに天命を知ったのだと思います。

これは一般の人でも感じることがあると思うのですが、元旦には人は瞬間的に自分を捨てているんですよ。初詣《はつもうで》をするとき、我を捨てて新鮮な気持ちになることで神様の心がわかる。

顔淵《がんえん》はこれが三か月続いたと孔子は言っていますが、これはたいしたもので

す。雍也《ようや》篇にある次の言葉ですね。

回や其の心三月仁《さんがつじん》に違《たが》わず。其の余《よ》は日に月に至るのみ。

（顔回は、その心が三月《みつき》も仁に違うことはないが、他の者は一日かせいぜい一《ひと》月《つき》も続く程度だ）

孔子の言うように、一般の人間は正月元旦の心境が続いても一週間くらいでしょう。二月《ふたつき》、三月《みつき》となるとかなり怪しくなり、年末になるとズタズタです。「これはやり直さないといかん」と思っているときにまた正月がくる（笑）。

荒井　なるほど（笑）。

伊與田　仏教でも十界という世界を説いています。地獄《じごく》、餓鬼《がき》、畜生《ちくしょう》、修羅《しゅら》、人間、天上、声聞《しょうもん》、縁覚《えんがく》、菩薩《ぼさつ》、仏という十界ですね。地獄から天上までの六つを六道といいますが、六道輪廻《りんね》と言われるように、苦労して天上まで行ったかと思ったら、気がつくと下に堕《お》ちて元の木阿《もくあ》弥《み》になっている。

それからまた修行を積んで、声聞・縁覚・菩薩・仏というふうに進展していくわけですが、菩薩から仏になるのが大変なのです。菩薩は人間でありながら仏の修行をする人たちの境地で、仏になるにはそれをもう一つ超えねばならない。これは容易なことではありません。弥勒《みろく》菩薩が仏になるためには五十七億六千万年かかるという表現があるように、できないことはないけれども膨大な時間がかかる。

そうやって修行を積み重ねて仏の世界に到達すると、本当の意味の自由が拓ける。様々な問題が起こっても適切な判断を下すことができるようになる。これは学問の世界からくるものではありませんね。

私は、孔子は仏になりえたとは言い切れないけれど、最晩年に至って、そういう融通無碍《ゆうずうむげ》な世界のぎりぎりのところにまで近づいていたんじゃないかと思うんです。

荒井　それが「七十にして心の欲する所に従えども、矩《のり》を踰《こ》えず」という心境ですね。

伊與田　そうです。

孔子の教えを引き継いだ晩年の弟子たち

伊與田　孔子の跡を継いでいくのは、その頃の孔子の弟子たちですね。曽子、子游《しゆう》、子夏といった人たちです。孔子が亡くなったとき、曽子は二十七歳、子游と子夏もだいたい同じくらいの年齢です。こうした人たちがそれぞれ一派をなして孔子の教えを弟子たちに伝えていきます。これら以外の弟子は、まだ学問的に教えられた人たちであって、孔子の心境までは十分にはわかっていなかったんじゃないかと思います。

たとえば曽子のお父さんの曽晳《そうせき》なんかずいぶんと年をとっています。それから顔淵のお父さんの顔路《がんろ》にしても、孔子とあまり違わない年齢です。これらの人々は孔子の学問追究の時代の教えを学んだんですね。かの大秀才の子貢は、孔子知命後の弟子でしたが、孔子の存世中は、まだ知識追究の域を出ませんでした。

荒井　確かに子貢は知識の段階で非常に優れた人でしたね。

伊與田　そうでしょう。でも、子貢がいたおかげで『論語』はずいぶん面白くなっていますよ。人間味がありますからね。孔子が「何か質問はないか」と聞いたときも真っ先に手を挙げるでしょう。

これが顔淵みたいなできた弟子ばかりだと、何でも納得して終わってしまう。これでは面白くない。

荒井　そうですね。子貢は孔子より三十一歳若かったという説がありますが、子路は孔子とはそんなに年齢の差はなかったですね。

伊與田　九つです。

荒井　顔淵はどうですか。

伊與田　顔淵はいろんな説がありますね。若いという説もあります。三十くらい離れていたのじゃないかとも言われますね。

荒井　顔淵は亡くなった年齢も諸説ありますね。一番年をとっていたとする説だと四十三ぐらいですか。三十歳代で亡くなったという説もありますね。

伊與田　そういう説もあります。

荒井　要するに、わからない。これが一番正しい答えでしょうね。しかし、『論語』の中に顔淵の言葉が出てくる回数が少ないことを考えると、顔淵が早く亡くなっていたのは間違いなさそうです。

その点からも、『論語』には孔子が五十を過ぎてから晩年にかけての教えが多く載っているという先生のお話は納得できます。孔子の発言の多くは五十歳を過ぎてからのものだとは『論語』のどこにも書いてありませんが、九十年間

『論語』を読み続けてこられた伊與田先生でなくてはできないお話だと思います。非常に面白く拝聴いたしました。

「楽しむ」を超えた「遊ぶ」という境地がある

伊與田　雍也篇に孔子の次の言葉があります。

之を知る者は、之を好む者に如《し》かず。之を好む者は、之を楽しむ者に如かず。

（知る者は、好んでやる者に及ばない。好んでやる者は、楽しんでやる者には及ばない）

私はこの上にもう一つ、「遊ぶ」という境地があると思うのです。

だから本来から言うと「之を知る者は、之を好む者に如かず。之を好む者は之を楽しむ者に如かず。之を楽しむ者は之に游ぶ者に如かず」と言えるのではないかと。私は天命を知ったあとの孔子の境地は、この「游ぶ」という言葉に近いものがあると思っています。

荒井　「遊ぶ」という言葉は、述而篇にある学問修養の順序を示す短い句の中に出てきますね。

道に志し、徳に拠《よ》り、仁に依《よ》り、芸に遊ぶ。

（人として正しい道に志し、これを実践する徳を本《もと》とし、仁の心から離れないようにする。そうして世に立つ上で重要な芸に我を忘れて熱中する）

これもいい言葉だと思います。先生は、この「遊ぶ」が最高の境地だと言われるわけですね。ここから新しい伊與田論語ができそうですね（笑）。

それにしても、伊與田先生のお話を伺っておりますと、先生もまた『論語』を楽しみ、『論語』に遊ぶという境地に達せられているという思いを強くいたします。

私はまだ『論語』を好むあたりにいるように感じておりまして、読むたびに人間としてこうありたいとか、こうあってはいけないということを考えさせられています。

人としてあるべき漠然としたイメージの輪郭《りんかく》が『論語』を読むと明らかになることも『論語』の魅力の一つでしょうが、私の場合、小人という表現がすべて自分の欠点を言っているのではないかと思うくらい当てはまっている。君子《くんし》や士君子《しくんし》というのは、我々が到底及ばない境地を指しているのだという感じを抱いています。

伊與田　『論語』を「楽しむ」というのは、その裏側に苦しみや葛藤《かっとう》があるわけです。苦しむ経験を持った人にして初めて楽しむということがわかる。

それを超えたのが「遊ぶ」という世界です。そこには相対というものがありません。子供の遊びと同じです。だからいくら遊んでも疲れがない。

荒井　昔、城山三郎さんの『落日燃ゆ』を読んでいたら、廣田弘毅《ひろたこうき》がオランダ大使に左遷され、そこで「風車　風の吹くまで　昼寝かな」と詠《よ》んだくだりがありました。

そのとき、オランダ大使としての無聊《ぶりょう》を慰めたのが、旧制中学時代に習った和綴《わと》じの『論語』だったというんですね。この『論語』を読みながら廣田が楽しんでいたのか遊んでいたのかはわかりませんが、東京裁判において一切弁明せず従容《しょうよう》として死についたところに、私は『論語』の世界に遊んだ廣田の姿が目に浮かぶ思いがいたします。

伊與田　廣田弘毅は『論語』が自分の名付け親みたいなものですからね。彼の名は、泰伯《たいはく》篇にある曽子の言葉からとったのでしょう。

士は以て弘毅《こうき》ならざるべからず。任重くして道遠し。仁以て己《おの》が任と為す、亦《また》重からずや。死して後已《や》む、亦遠からずや。

（士は度量がひろく意志が強固でなければならない。それは任務が重く、道は遠いからである。仁を実践していくのを自分の任務とする、なんと重いではないか。全力を尽くして死ぬまで事に当る、なんと遠いではないか）

荒井　そうですね。廣田は外務省へ行くぐらいですから、横文字の学問はよほど一所懸命やったのでしょう。しかし、その人の根底に『論語』があったのですね。実際、オランダ大使をしているときに『論語』を読んでいたといいますからね。

ところで、この泰伯篇の言葉は曽子が言ったものですが、曽子の言葉として『論語』の言葉が伝わっているものも多いですね。

伊與田　曽子の言葉というのは、割合、素直にすっと入ってきます。

荒井　本当にいい言葉が多いです。師の考えを要約して言ったのでしょうが、孔子の教えを後世に伝えるのに曽子の果たした役割は大きいと思います。
それから曽子は孔子の孫の子思《しし》を育てています。それが孟子に繋がっていくわけですね。

伊與田　そうです。また、曽子から『大学』が生まれ、子思から『中庸《ちゅうよう》』が生まれたというのも大変なことです。

荒井　そういうことですね。先に取り上げましたが、孔子は曽子を「魯《ろ》」（遅鈍）と評しています。しかし、その曽子がいたことによって、儒教は大きく進展していったわけですね。

第四章

『論語』が教える人生訓

自分の人生に『論語』を重ねて読む

荒井　ここでは『論語』の味わい方とでも申しましょうか、若い人たち、あるいは初学者がどのように『論語』を読めばいいのかということについてお話ししていきたいと思うのです。

最初にお伺いしますが、伊與田先生は『論語』の中でとくにお好きな言葉というと、どのようなものがございますか？

伊與田　私は『論語』のどこがどうだとかいうのはもうあまりないんですけれども、思い出深い言葉というものがいくつかあります。一つは、子路篇にある次の言葉です。

子、衛《えい》に適《ゆ》く、冉有僕《ぜんゆうぼく》たり。子曰《のたま》わく、庶《おお》きかな。冉有曰《い》わく、既に庶し。

又何をか加えん。曰《のたま》わく、之を富《と》まさん。曰《い》わく、既に富めり。又何をか加えん。曰《のたま》わく、之を教えん。

（先師が衛の国へ行かれたとき、弟子の冉有が、御者《ぎょしゃ》としてお供をして行った。

先師が言われた。

「人口が多いね」

冉有がこれを聞いて「おっしゃるように人口が多いですが、もし先生ならこの上に何をなさいますか」と尋ねた。

先師が答えられた。

「民を裕福にしてやりたい」

冉有は更に「その次に何をなさいますか」と尋ねた。

先師は答えられた。

「人間教育を施そうと思う」）

私が大阪の金剛生駒《こんごういこま》国定公園内に人間教育を目的とした成人教学研修所をつくったのが昭和四十四年のことでした。しかし、その直後というのはまったくの開店休業状態でした。そのとき、一番先に研修を申し込んできたのが松下電器商学院（現・松下幸之助商学院）の新任の学院長さんでした。

当時、松下には販売店が三万軒ありました。その販売店の後継者を養成する学校をつくろうというので、昭和四十四年に計画されたのが松下電器商学院なんです。学校をつくるにあたって一番大切なのは先生ですが、この学校は各事業所から選抜した約三十名の人たちを先生にするというわけです。

そこで、その商学院の学院長になるという人が私のところへやってきて、「教員になる人たちの研修をお願いしたい」と依頼に来られたわけです。

次に来られたのが本社技術部門の幹部でした。「今、当社は幸いに三千億円の蓄積《ちくせき》がありますが、この時にこそ創業時のモットーである、物をつくる前に人をつくることが肝要と思い参りました」と申されました。そのときに、私は

『論語』のこの言葉を示して「松下さんはこの孔子の言葉を現代に生かそうとしておりますね」と話をしました。すると、その幹部も「いや、実は、自分もこの文章を読んで研修のお願いに伺ったのです」と言いました。それでたちまち意気投合しまして、そこから長いつきあいが始まったんです。

私が生駒の山から下りてきたのは八十八の年でした。そのとき、この辺でおしまいにしようと思って研修の依頼をみんな断ったんです。松下さんにも「これでお暇《いとま》いたしましょう」と言ったのですが、「うちだけは続けてほしい」と言われましてね。石清水八幡宮《いわしみずはちまんぐう》にある施設を使って続けることになりました。それで今日までに確か、三百二十五回の研修をしています。

荒井　それはすごい。

伊與田　その間、社長は何人か代わるし、教育係も代わりましたからね。はじめはこれほど続くとは考えられませんでした。普通は担当が代わるとやめるケースが多いけれども、松下さんは関係なしでした。やはり一貫して人間教育を大切にされているんですな。

荒井　松下幸之助さんが生きておられた頃から始められて、それが今日までずっと続いているというのですから、確かに普通では考えられませんね。

伊與田　山の研修所ができた時分はまだ道がなくて、雨が降ったら泥んこになって長靴を履《は》いても歩きにくい。天気がいい日でも長靴に履き替えて歩いてこなくてはならないような場所でした。おそらく、一般の人は一度来たら懲《こ》りて二度と来ないだろうと思います。

ところが、松下さんの幹部はさすがにしっかりしていて、「これがいいんです」と言って、水はけの悪いところに排水用の土管を据えつけるような作業までやってくれました。

一般に、会社が少し古くなって発展してくると創業者の苦労というものがだんだんわからなくなってくる。二代目、三代目になると創業の苦難とかいうものがほとんど実感できないでしょう。あるいは、社長もお抱え社長になって、業績が悪くなったらお払い箱というか、最後の最後まで運命を共にしようという覚悟ある人がいなくなっています。
だから、苦労しながら山に登ってくるのがいい。それが私の講義よりもええというんですな（笑）。

荒井　実に味わいのある話です。
自分の人生に『論語』を重ねて読むと、いっそうその言葉の意味が深まってきます。また、『論語』にはそうした読み方を可能にするところがありますね。

苦しいときこそ平然と振る舞う――「固より窮す」

伊與田　それからもう一つ挙げたいのは衛霊公《えいれいこう》篇にある皆さんもよくご承知の言葉です。

陳《ちん》に在《いま》して糧《りょう》を絶《た》つ。従者病《や》みて能《よ》く興《た》つこと莫《な》し。子路慍《うら》み見《まみ》えて曰《い》わく、君子も亦《また》窮《きゅう》すること有るか。子曰《のたま》わく、君子固《もと》より窮す。小人窮すれば斯《ここ》に濫《みだ》る。

（衛を去って楚に行こうとして陳におられた時、呉が陳を攻める事件にあい、食糧がなくなった。そしてお供の人々は餓《う》えて起き上がる気力もなくなっていった。

子路は、恨んで腹を立てて、先師に尋ねた。

「君子も困ることがありますか」

先師は答えられた。

「君子とてむろん困るさ。だが小人は困ったらすぐにみだれて何をするかわからないよ」）

この「固より窮す」ですが、ここを読むと昔の出来事で思い起こすことがあるんです。

それは終戦直後に大阪が焼け野原に変わった頃の話です。焼け野原のそここに建物が残っていました。昔の建物ですから漆喰《しっくい》で固めたような家ですが、それがところどころに残っているんですよ。その残った家を見てみると、だいたい皆、大阪の老舗《しにせ》なんですな。「老舗というのは火災にも負けずに残るんだな」というふうな感慨を抱きました。

あるときに、ある老舗を訪ねていくご縁がありました。昭和二十三、四年だったと思います。応接間に通されると、そこに「固窮」と書いた額がかかっていました。私はじっとそれを見て「何と読むのかな？」と思い、ふっと「あっ、これは『論語』の言葉だな」と気づきました。

しみじみとそれを眺めておったら、中年のご婦人がお茶を持って見えました。その家の奥さんです。大阪では、老舗の奥さんとか娘さんを「御寮《ごりょう》はん」と言いましたね。

だいたい大阪の老舗というのは女系が多いんです。田舎から出てきた生きのいい番頭さんたちを後ろ盾にして、御寮はんが家をずっと守り続けてきた。御《おん》曹司《ぞうし》は体もあまり頑強ではなくて商売もあまり熱心ではない。それから、長男には自由に金を与えて勝手に遊ばせておいた。そして、生きのいい番頭さんを後継にしたわけです。そのほうが被害が少ないというんですね。

その御寮はんが額を見ている私をじっと見ていましたので、「これは何と読みますのや？」と聞いてみた。すると御寮はんは、「わかりません。実は自分が生まれる前からここにかかってますのや」と答えました。逆に「これは何と読むのでしょうね」と聞いてきたので、私は『論語』の言葉をていねいに話してあげました。

そうしたらその御寮はんは居住まいを正して、「ようわかりました」と言いました。先祖もずいぶん困ったときもあっただろうけれども、そこを乗り越えてきてくれたところに今があることがわかった、と。それで「あらためてご先祖さんに対して深い感謝の気持ちが湧いてきました」と言って、次から次へ、えらいご馳走が出てきましたよ（笑）。

その時分は、三度三度の食事が十分にとれるかどうかという非常に急迫した時代ですからね。「固より窮す」のおかげでご馳走になったことを今でも思い出します。

荒井　これもいい話です。初めて納得のいく説明があったから、御寮はんは感動して、ご馳走を振る舞われたのでしょうね。

伊與田　本当に喜んだようでしたね。

この場面には子路の話も出てきますが、子路には解《げ》せないところがあったのでしょうね。平生はいいことをしたらいい結果が出てくると先生は教えているのに、こんなに何日も飯を食わないで、立ち上がることもできないくらいに困窮してきた。これはどうも先生の教えがおかしいんじゃないかと、ぷんぷん怒って孔子のところへ行った。それで「君子も亦窮すること有るか」と聞いたわけですね。

ところが、それに対して孔子はあっさりと「君子固より窮す」と答える。君子についてはそれ以外には何も言っていないけれども、「小人窮すれば斯に濫る」と。

これは逆に言えば、「君子は窮しても濫れない」ということですね。そういって子路の言動を諭《さと》しているのでしょう。

ここで子路は自分の浅はかなものの考え方に気がつく。そして「やはり先生は偉い人だ」ということで踊りだす。すると、腹が減って横になっていて立つ気力もないような他の連中まで、子路に引きずられて立ち上がって踊りだす。

とまあ、これは井上靖先生の『孔子』に書いてあるのですが、作家らしいドラマチックな表現の仕方ですね。

堅いばかりではない孔子の教え――酒は量無く乱に及ばず

伊與田　孔子の教えというと真面目で堅苦しいものだと考える人が多いようですが、実はそうでもない。それをよく表している言葉が郷党《きょうとう》篇にあります。

肉は多しと雖《いえど》も食《し》の気に勝たしめず。唯《ただ》酒は量無く乱に及ばず。沽《か》う酒と市《か》う脯《ほしにく》は食《くら》わず。

（肉の入ったご馳走が多くても、主食の飯の分量に過ぎないようにされた。唯酒には量はないが乱れて人に迷惑をかけるような飲み方はされなかった。店で買った酒や脯は口にされなかった）

これは孔子の食事についての注意点を細かく書いてある中の一節です。

先にも話に出ましたが、孔子という人は、おそらく酒が好きだったのでしょうね。ただし、「乱に及ばず」というわけで乱れない。

今の若い人は酒を飲むのはよろしいけれど、飲んだら乱れる。それは孔子の頃でも同じだったようで、『論語』の中にも弟子が酒を飲んで乱れたというようなことが書いてあるから、実際、乱れる者が多かったのでしょう。それを諭して孔子は、酔うのはいいけれども乱れてはいけないよ、と。

子罕《しかん》篇でも自らのことを「酒の困《みだれ》を為さず」（酒を飲んでも乱れることはない）と言っています。

酒を飲んでいるときは気持ちがいいけれど、飲み過ぎたらいけない。孔子自身は酒を楽しんだけれど、お前さんたちのように苦しみはせんぞ、ということでしょう。

それから「沽《か》う酒」は口にしなかったとありますが、当時は、売っている酒の中にはずいぶんいかがわしい酒もあったのでしょう。

これで思い出すことがあります。

終戦直後に日本農士学校の先生をしていた人で、確か「三浦」というお名前だったと思います。この人はのちに大阪の茨木《いばらき》中学校という府立学校のれっきとした先生になって教え子から非常に慕われていたのですが、終戦になって先生を辞めてしまった。そして徳島に行って開拓を始めたんです。そこに一緒についていった教え子もいました。

あるとき、茨木中学で教えを受けた連中が「先生の陣中見舞いに」とワインを持って徳島へ行くんです。みんなで調子よく飲んでいたのですが、そのワインの中に有毒なメチルアルコールが入っていたんですね。飲んだ連中がばたばたと倒れていった。中には田んぼの水を飲んで助かった者もいるし、倒れて失明してしまった者もいたのですが、三浦先生は不幸にも亡くなってしまった。

この話を私は三浦先生と一緒に開拓に行っていた教え子から聞きました。彼は酒をあまり飲まなかったために被害が少なかったそうです。安岡先生の紹介状を携えて私のところにやってきて、事の顚末《てんまつ》を話してくれました。

まあ、そういうこともあるから、孔子さんは「沽う酒」は口にしなかったんですね。かといって酒を飲むのをやめたわけではない。酒が好きですからね（笑）。

このように『論語』は堅い一方ではない。そう思って読むと、安心して読めるのではないですか。

荒井　そうですね。

伊與田　それから最後にもう一つ、子罕篇にある言葉を挙げましょう。

後生畏《こうせいおそ》るべし。焉《いず》くんぞ来者《らいしゃ》の今に如かざるを知らんや。四十五十にして聞くこと無くんば、斯《こ》れ亦畏るるに足らざるのみ。

（青年は畏れねばならない。将来彼等が今のわれわれに及ばないと誰が言い得ようか。ところが四十五十になっても謙虚に学ぶことのないような者はもう畏

れるには足らないよ）

これは年配者にとって大切な心がけです。若い人ほど将来性があるわけですから、これをおろそかにしてはならない。「今の若い者は」なんて言わないで若い人々を育て上げていかなくてはいけません。

年をとると、ついうっかり、「最近の若い者はしょうがないな」と言いたくなりますが、若い人たちを心から見守っていく年寄りが増えていくことが大切じゃないかと思いますね。

荒井　この「四十五十にして聞くこと無くんば」というところは一般に「四十五十にして聞こゆること無くんば」と読んで、「四十五十になっても評判が聞こえてこないようでは」と訳すことが多いようですが、伊與田先生の解釈にも味わい深いものがあります。

若い世代に伝えておきたい言葉

荒井　佐藤一斎は

「経書《けいしょ》を読むは、即《すなわ》ち我が心を読むなり。我が心を読むは、即ち天を読むなり」

と言っています。経書を読むことは自分の心を読んでいることであり、同時にそれは天に通じる教えを受けようとすることだというのですね。これはつくづくそう思いますね。

伊與田先生のお話のように、私自身、読む年齢やそのときの状況に応じて『論語』の中でも興味を抱く部分が変わってきました。その中で、私は自分の若い頃や教員時代のことを思い出しながら若い世代に伝えておきたいいくつかの言葉があるんです。

佐藤一斎は

「経書を読むは、即ち我が心を読むなり。我が心を読むは、即ち天を読むなり」

と言っています。経書を読むことは自分の心を読んでいることであり、同時にそれは天に通じる教えを受けようとすることだというのですね。——荒井一つには、衛霊公《えいれいこう》篇にある孔子の言葉です。

君子は諸《これ》を己《おのれ》に求む。小人は諸を人に求む。

（君子は、自分を反省して過があれば、まずその原因を自分に求めるが、小人は人に求める）

何か問題が起きたとき、それを人のせいにしないで、原因を自分に求めなさい、ということですね。

同じく衛霊公篇にある孔子の言葉ですが、

之を如何《いかん》、之を如何と曰《い》わざる者は吾《われ》之を如何ともする末《な》きのみ。

（これはどうしよう、これはどうしようと常に自分に問いかけないような者は、私にもどうしようもない）

問題意識を持ち、やる気をもって臨まなければ学問であれ仕事であれ進むはずがないということです。これも若い人にとって貴重な教訓となるはずです。

次は為政《いせい》篇にある言葉です。

学びて思わざれば則ち罔《くら》く、思うて学ばざれば則ち殆《あやう》し。

（学ぶだけで深く考えなければ、本当の意味がわからない。考えるのみで学ばなければ、独断におちて危ない）

この「学ぶこと」と「考えること」のバランス、つまり学問と思考のバランスをいかにとるかということを若いときは肝に銘じるべきだと思います。

そして、先進篇にある

過ぎたるは猶《なお》及ばざるがごとし。

有名な言葉ですね。これはそのままの意味ですが、若い人はどうしても「過ぎる」ほうに行ってしまいがちです。それは及ばないことと同じなんだと知っておくことは大切だと思います。

また、子路篇にある

己を行うに恥有り、四方に使《つかい》して君命《くんめい》を辱《はずか》しめざるは、士と謂《い》うべし。

（自分の行いを省みて恥ずるようなことはしない。外国へ使して君の命をはずかしめないものを士ということができる）

これは私の好きな言葉です。「己を行うに恥有り」というのは「徳」の問題ですね。そして、「四方に使して君命を辱しめざるは」は「才能」の問題です。

この徳を先にして才を後にし、この両方ができた場合に初めて君子と言えるのだと孔子は言うわけです。いくら才能に溢《あふ》れていても徳がなければ君子たりえず、と。この言葉はいいなと思います。

最後は雍也篇にある言葉です。

夫《そ》れ仁者《じんしゃ》は、己《おのれ》立たんと欲して人を立て、己達《たっ》せんと欲して人を達す。

（仁者は、自分が立とうと思えば先に人を立て、自分がのびようと思えば先に人をのばすように、日常の生活に於て行う）

これは顔淵篇にある

「己の欲せざる所は人に施《ほどこ》すこと勿《なか》れ」（自分が嫌だと思うことは、人に無理強いをしない）

という言葉を肯定的に言い直したものです。要するに、「自分がそうしたかったら、人にそうしてやるというのが孔子の教えなのだ」と言っているわけです。

人はどうしても「自分がされて嫌なことは人にするな」という消極的な方向に流れがちです。しかし、「自分がしたいことは人にも勧めてさせてあげよう」という積極的な行動も、人生を豊かにするためには大切な考え方だと思います。ですから、ぜひこの言い方を知ってもらいたいですね。

これらの『論語』の言葉は、現代人が自分に置き換えて読んでも十分に響いてくるすばらしい言葉だと思います。

伊與田　今、荒井先生が挙げられた言葉、どれも共感するものばかりです。

荒井　あともう一つ付け加えるならば、顔淵篇にある子貢と孔子の対話を挙げたいですね。

子貢、政《まつりごと》を問う。子曰《のたま》わく、食を足し兵を足し、民之を信にす。子貢

曰《い》わく、必ず已《や》むを得《え》ずして去《さ》らば、斯《こ》の三者に於《お》いて何《いず》れをか先にせん。曰《のたま》わく、兵を去らん。曰《い》わく、必ず已むを得ずして去らば、斯の二者に於て何れをか先にせん。曰《のたま》わく、食を去らん。古《いにしえ》自《よ》り皆《みな》死有り、民、信無くんば立たず。


（子貢が政治の要道を尋ねた。先師が答えられた。

「食を豊かにし、兵を充実させ、民に信を持たせることだ」

子貢が尋ねた。

「どうしてもやむなく、捨てなければならないときに、この三つのうちどれを先にすればよいでしょうか」

先師が言われた。

「兵を捨てよう」

子貢が更に尋ねた。

「どうしてもやむなく捨てなければならないときに、この二つのうちどれを先にすればよいでしょうか」

先師が言われた。

「食を捨てよう。昔から食の有無にかかわらず、人は皆死ぬものだ。然《しか》し人に信がなくなると社会は成り立たない」）


今、非常に才能はあるけれども徳が薄いと思われるような政財界の指導者が見受けられます。そういう徳薄き姿を見るにつけ、若い人たちが「あれでいいんだ」と誤解しなければいいが、と思うのです。指導者にとって一番大切なものは、兵でもなく、食でもない。最後に残るのは信であると孔子が言ったことをぜひ知ってもらいたいと思います。

『論語』全体を総括した「小論語」

荒井　それから孔子が学びの三段階について述べた学而《がくじ》篇のくだりがございます。これもまた簡潔で深い真理を説いていると思います。

学びて時に之を習う、亦説《よろこ》ばしからずや。朋《とも》遠方より来《きた》る有り、亦楽しからずや。人知らずして慍《うら》みず、亦君子ならずや。

（聖賢の道を学んで、時に応じてこれを実践し、その真意を自ら会得《えとく》することができるのは、なんと喜ばしいことではないか。共に道を学ぼうとして、思いがけなく遠方から同志がやってくるのは、なんと楽しいことではないか。だが人が自分の存在を認めてくれなくても、怨むことなく、自ら為《な》すべきことを努めてやまない人は、なんと立派な人物ではないか）

この部分は「小論語」と呼ばれ、『論語』全体を概観、総括したものだと言われますね。私も最近、とくにこの僅か数行の深みを感じるようになりました。また、この部分は堯曰篇《ぎょうえつ》の最後の言葉、つまり『論語』全体の最後に置かれた次の言葉と呼応していると言われます。

命《めい》を知らざれば、以て君子たること無きなり。礼を知らざれば、以て立つこと無きなり。言を知らざれば、以て人を知ること無きなり。

（天命を知らなければ、君子たるの資格がない。礼を知らなければ世に立つことができない。言葉を知らなければ、人を知ることができない）

最初に『論語』を読んだときは、この二つが呼応していると言われても実感できませんでした。でも、この頃は実感できるようになったんです。

伊與田　どのように実感されましたか。

荒井　物事には段階があるということですね。

「学びて時に之を習う、亦説ばしからずや」というのは学びの第一段階であって、自分だけで喜ぶもの。「朋遠方より来る有り、亦楽しからずや」というのは、他の人と一緒に喜ぶという第二段階。そして「人知らずして慍みず、亦君子ならずや」は、自分が学んだ成果として出てきた状況を誰が認めてくれなくとも気にせずに己の境地に安んじると。これが学びの最終段階になる。

同様に、「命を知らざれば、以て君子たること無きなり」「礼を知らざれば、以て立つこと無きなり」「言を知らざれば、以て人を知ること無きなり」も段階を踏んでいます。

このように人間は順を追って成長していくものですね。そこを見ると、最初と最後にこれらの言葉を置いたのは意味があるなというふうに思ったりします。

先生は、この「小論語」の部分について、どのようなご意見をお持ちでいらっしゃいますか？

伊與田　学而篇の最初の言葉はいつ頃に言ったものなのか、あまり明確ではないですが、おそらく孔子が自分の若かりし折《おり》のことを追想したものではないかと思っています。

「学びて時に之を習う」には、いろいろな解釈がありますね。「時」というのを「時々」と読む人もありますけれども、「学ぶ」ということは頭から入るわけですから、それをちょうどいいときに実践する、と私は解釈しています。それから「習う」というのは「実践する」ということでしょう。実践するうちに、学びの真意を自分でつかむことができる。だから、それを持続することができる。自分がつかむということはその人だけにわかるもので、外からくるものとは違います。だから孔子という人は、学んでは実践して納得して喜ぶ。喜ぶがゆえにまた学ぶと、これを繰り返していったんですね。

そうすると、ここでいう「習う」ということは「悟る」という意味にもなります。その悟る中に、「小悟《しょうご》」と「大悟《たいご》」とがある。一つひとつ小さなことを学びつかんでいくのが「小悟」です。その小悟をずっと繰り返し持続していくと極点に達する。そこから豁然《かつぜん》として開けてくるものがある。これが「大悟」です。

学問を追究する人は、そういうふうに小悟をずっと繋げていく。朱子などはまさにその線を通ったのだろうと思います。

あの人は頭が非常によくて、記憶力が旺盛《おうせい》でしたね。十九歳のときに難しい進士《しんし》の試験に優秀な成績で合格するくらい頭の優れた人です。あの時分の進士の試験問題は、四書をはじめ経書から出題されていましたから、とにかくそれらを暗記しなくてはならなかった。記憶力が非常に旺盛な人でないとなかなか合格できなかったんです。

しかし、知識といったところで無限ですからね。「ここまで」という区切りはないのですが、小悟を繰り返していくうちに、ついに最後のところで大悟をする。その大悟に至るときは、学問を捨てなければいけないんですね。せっかく修めたものを捨て去るわけですから、これは難しい。先ほども言いましたが、孔子が「五十にして天命を知る」と言ったのは、まさにこの大悟に至ったということではないかと思います。

荒井　なるほど。そこで孔子は学問を超えたわけですね。

伊與田　そう考えています。

荒井　冒頭の句と最後の句の背後関係は、「命を知らざれば……」というのが「人知らずして慍みず」と呼応し、「礼を知らざれば……」というのが「学んで時に之を習う」と呼応し、「言を知らざれば……」というのが「朋、遠方より来る有り」に呼応しているという説がありますね。

出てくる順序は逆になっていますが、「命を知らざれば、以て君子たること無きなり」というのは、要するに命を知れば、人が自分を知らなくても恨む必要はないということになりますからね。それが君子である、というわけでしょう。同様に礼を知ればよい教師について学び、学んだことを実践できる。言葉を知れば、よき友あるいは有為《ゆうい》な人物と巡り会うこともできるわけですね。

伊與田　そのとおりだと思います。

荒井　そういう意味では、『論語』は第一篇の学而篇の冒頭に「小論語」と言われる大きなテーマが出て、最終篇である堯曰篇の最後に「小論語」をまとめた結論が出てくるという構成になっているように見えますね。

伊與田　そうですね。堯曰篇の最後の言葉というのは孔子の教えのエキスでしょうね。

荒井　まさにエキスですね。

伊與田　冒頭の言葉が出たところでついでに言っておくと、若い人々に『論語』を教えていると、「人知らずして慍みず、亦君子ならずや」という言葉に非常に感動する人がおります。

荒井　それはたいしたものですね。

伊與田　若い人は、自分は一所懸命にやっているのに上役が認めてくれないと不満を持ちやすい。そんなときにこの言葉に触れると、また励みが出てくるというのです。

早く認められようと思ってあれこれしているときにこの言葉に接すると、あまり焦ったり慌てたりしなくなるようです。また、成功を遂げた人の話を聞いても、この言葉に非常に感動して、「人が自分を認めてくれようがくれまいがやるべきことをやればいいと気がついて不平不満がなくなりました」と述懐《じゅっかい》する人が多いですね。

『論語』第一篇を徹底的に読み込む

伊與田　『論語』は約五百章からできていますけれども、それぞれの章でいろいろなことにぶつかって、それなりに感ずるところがあります。ですから、私若い人々に『論語』を教えていると、「人知らずして慍みず、亦君子ならずや」という言葉に非常に感動する人がおります。若い人は、自分は一所懸命にやっているのに上役が認めてくれないと不満を持ちやすい。そんなときにこの言葉に触れると、また励みが出てくるというのです。——伊與田は『論語』を総花《そうばな》的に読むのではなくて、じっくり読んでいくように勧めたいんです。

中でも、第一篇の学而篇を徹底的に暗誦するまで読む。そうしたら、あとのほうはだんだんわかってくるところがあるのではないかと思います。

荒井　なるほど。

伊與田　学而篇を見ると、一番はじめに孔子の言葉が出てきます。二番目に有子の言葉があり、三番目に孔子の言葉、四番目に曽子の言葉が出てくる。そして次の二つは孔子の言葉で、その次に子夏《しか》の言葉が出る。そしてさらに孔子の言葉が出て、次に曽子、子貢、孔子、それから有子の言葉が二つ続いて、孔子、子貢、そして最後が孔子の言葉で締めくくられていますね。（↓巻末付録参照）

先ほどの「小論語」もそうですが、この第一篇は『論語』全体を網羅《もうら》しているという評があるくらいですから、孔子のみならず、後世に言葉として非常に影響を及ぼした有子、曽子、子夏、子貢という人たちが出てきている。それらを読むと、だいたい『論語』の全体像が見えてくるわけです。
とくに次の孔子の言葉は大事です。

子曰《のたま》わく、弟子《ていし》、入りては則ち孝、出でては則ち弟《てい》、謹《つつし》みて信、汎《ひろ》く衆を愛して仁に親しみ、行いて余力あれば、則ち以て文《ぶん》を学べ。

（先師が言われた。
「若者の修養の道は、家に在っては、孝を尽し、世に出ては、長上に従順であることが第一である。次いで言動を謹んで信義を守り、人々を愛し、高徳の人に親しんで、余力あれば詩書などを読むことだ」）

ここで孔子は本を読むことを優先していないですね。まず人としてなすべきことを行って、そして余裕があったら本を読め、と。これは孔子の学問態度といいますか、求道者としての態度がよく表れています。頭でっかちになってはいかんと言っているわけです。

これは、私は非常に大切だと思います。ここに孔子の求道者としての態度が表れているように思うからです。

今の若い人たちは「教育勅語《ちょくご》」をあまりご存じないかもしれませんが、「教育勅語」が眼目とすることは、まさに孔子がここで言っていることと同じです。「父母に孝《こう》に、兄弟《けいてい》に友《ゆう》に、夫婦相和《あいわ》し、朋友《ほうゆう》相信じ」というわけですからね。

だから、「教育勅語」を読むことによって『論語』のこの章に通ずることができますし、『論語』のこの章を読むことによって、今はあまり人々の口に上らない「教育勅語」の精神を知ることができる。今は「教育勅語」を読む機会も少ないと思いますが、『論語』に興味を持ったら、一度目を通してみることをお勧めします。

大切なのは礼によって節目をつくること

伊與田　それから、第一篇の中でとりわけ大切だと思うのは礼と和の問題です。次の有子の言葉がこれに触れています。

有子曰《い》わく、礼の和を用《もっ》て貴しと為すは、先王の道も斯《これ》を美と為す。小大之に由《よ》れば、行われざる所あり。和を知りて和すれども礼を以て之を節《せっ》せざれば、亦行うべからざるなり。

（有先生が言われた。
「礼に於て和を貴いとするのは、単に私の独断ではない。昔の聖王の道も美しいことだとした。そうかと言ってすべての人間関係を和一点張りでいこうとすると、うまくいかないことがある。和の貴いことを知って和しても礼を以て調節しないとこれまたうまくいかないのである」）

礼を行うには、そこに和の心がなくてはいけない。昔の優れた王様も和の心を麗《うるわ》しいことだとしている。けれども、一から十まで、どんなときでも和の心があればうまくいくかというと、そうではない。すべて和で行おうとすると、和そのものが行われなくなってしまう、というわけです。

今日《こんにち》は若い人に限らず一般の人々が締めくくりのない、だらけた生活をしているようなところがありますね。学校教育もどうあるべきかと問題になっているでしょう。今、日本人がちょっと惚《ぼ》けているのは、ここで有子が言っているように、和を貴びすぎたからではないかと思うんです。

まるで「和を言わざる者は人にあらず」とでも言うかのように、戦後の日本の教育は和ばかりを強調してきました。

確かに和を唱え始めた戦後すぐの頃は平和が望まれていましたから、和を強調しても問題はなかったんです。そのために、和の一点張りになったわけですが、だんだんとそれに流されてしまうようになっている。これをきゅっと引き締めるためには礼というものが必要だと有子は言っているわけですね。

荒井　ええ。

伊與田　実際は和も礼の中に含まれるのですが、礼にはそれ以外にも「敬う」とか「譲る」といった精神が含まれています。その礼で締めくくることによって節《せつ》ができるわけですね。その締めくくる節がなくなって自由奔放《ほんぽう》になってしまったのが日本の戦後ですよ。

たとえば、祝祭日というのがあるけれども、昔は学校でちゃんとこれを記念する集まりがありました。今はないでしょう。ただ休みにするだけで、その意義を考えようとしない。だから感謝もなくなっている。そこに現代の乱れの原因がある。

この礼と和の関係というのは、よくよく考え直さなくてはならない大きな問題だと思います。

礼の中の一番大切なものが「敬」ということです。この「敬」の中には、自分を謹むということと、相手を敬うということの二つの意味が含まれている。ここは現代の教育の、とくに若い人々を指導する上での一番のポイントだと感じています。

自らを省みることがすべての本になる

伊與田　『論語』第一篇には、そういう重要な言葉がずらりと並んでいます。だからまず、ここだけでもいいから繰り返して暗誦させるといいでしょうね。
荒井　そのようにして学而篇を徹底的に読み込むというのはとても大事なことですね。
伊與田　学而篇を読み込めば、他のところはすっとわかる。

『論語』はどの言葉にも学ぶところはありますが、拾い読みというのはあまりよくありません。拾い読みをするよりはまとめて読んでいくほうが、人をつくる上において、あるいは信念を育てる上においては重要ではないかと感ずるのです。

『論語』に限りませんが、書物を読むときに拾い読みするのはあまり勧めません。自分に都合のいいところ、調子のいいところだけを読んで、あとは読まないということにもなりかねませんからね。

とりわけ『論語』は、自分に役に立つ章だけを読むのではなくて、全体を読みながら「ここは大切だ」と本人が気づくような読み方をするのが望ましいと思います。また指導者もそのように導いてあげるといいでしょうね。

荒井　とてもいいご指摘です。

伊與田　学而篇に曽子の次の言葉があります。

吾《われ》日《ひ》に吾《わ》が身を三省《さんせい》す。人の為に謀《はか》りて忠《ちゅう》ならざるか、朋友《ほうゆう》と交《まじわ》りて信ならざるか、習わざるを伝うるか。

（私は毎日、自分をたびたびかえりみて、よくないことははぶいておる。人の為を思うて、真心からやったかどうか、友達と交ってうそいつわりはなかったか。まだ習得しないことを人に教えるようなことはなかったか）

結局のところ、この「自らを省《かえり》みる」というのがすべての本《もと》だと思うのです。自分のやったことを省みる。省みるだけではなくて反省し、反省したことを実践する。その際に誤ったことは思い切って改める。そういう意味が「三省」の裏には含まれています。

この「三省」という言葉は、今の若い人々にとって非常に大切なことだろうと思いますね。

「言を知る」ことは社会生活に欠かせない

伊與田　先ほど、堯曰篇《ぎょうえつ》の最後の「命を知らざれば、以て君子たること無きなり。礼を知らざれば、以て立つこと無きなり。言を知らざれば、以て人を知ること無きなり」という言葉は孔子の教えのエキスだと言いましたが、「命」とは天の命なんです。だから天を知らなければ、命を知ることはできません。

命というのには、二つの意味があるのはご承知でしょう。

一つは「働き」であり、もう一つは「命令」の「命」で「絶対」という意味がある。つまり、天の働きによって自分は生まれてくるのだけれども、しかし無制限に全面的に天を自分が持っているわけではない。その中の、ある一部が我々に付与されている。それがいわゆる「使命」です。

それゆえ、使命を知るということが自己を知るということに繋がるんです。

学而篇を読み込めば、他のところはすっとわかる。『論語』はどの言葉にも学ぶところはありますが、拾い読みというのはあまりよくありません。拾い読みをするよりはまとめて読んでいくほうが、人をつくる上において、あるいは信念を育てる上においては重要ではないかと感ずるのです。――伊與田立派な人物というものは、自分の使命というものを会得して思い切り働きますね。だから命の中には働きという意味が含まれているわけです。ただ頭で知るというだけではない。

「礼」については今申し上げたとおりです。

「言を知る」というのは難しいですね。「言を知る」とは、もともと「学問をする」という意味ですね。学問をすることによって言葉というものを知っていく。その結果として、人が使うところの言葉を聞いて、その人の心を知ることができるようになる。

社会生活を営《いとな》む上において、最も大切なのは人々が融和するところにあります。「誤解するほど理解すれば世の中はうまくいく」と言われるくらいに、ちょっとした言葉使いによってお互いが誤解をする場合も出てくる。

そういう点からすると、文学を好んで書物などをよく読む人は、普通の人よりも言葉使いをわきまえているようです。だから、相手にピンと響くような言葉で真実を語ることもできる。言葉を知るということは大切ですね。

学問があるから表現ができる

伊與田　親鸞聖人《しんらんしょうにん》とか、道元禅師《どうげんぜんじ》とか、孔子もそうですけれど、学問がなかったら自分の心境をあんな広く近いところまで表現できなかったでしょう。

荒井　そうでしょうね。

伊與田　だから親鸞の教えは非常に簡単なんです。「南無阿弥陀仏《なむあみだぶつ》と唱えれば極楽《ごくらく》へ行くのだ」と、これだけです。

そして、それを本当に信じて高い境地に到達しておる人がずいぶんいるわけです。我を忘れてそこに没入している。いわゆる一文不知《いちもんふち》（一字も知らないこと、無学文盲）の尼入道《あまにゅうどう》でも、親鸞と同じ心境に到達している人はいます。いますけれど、彼らには表現の能力がない。学んでいないから言葉を知らないんです。

自分ではわかっているけれど、相手に対して説明できない。
それで結局、親鸞も『教行信証《きょうぎょうしんしょう》』を書くことになった。『教行信証』というのは長い文章で、難しいです。読んでもわからない。読まんほうが信仰が維持できるくらいです（笑）。
道元もそうです。「只管打坐《しかんたざ》」、「座るだけでよろしい」と言っている。また、悟りの世界は「不立文字《ふりゅうもんじ》」で、言葉では表現できないものだとも言っていますね。だから本来は言葉にする必要はないのですが、それではわからないものだから、何とかしてわからせようと思って、一度は捨てた学問を今度は生かして説いたのが『正法眼蔵《しょうぼうげんぞう》』という書物です。

荒井　確かに、あんな大著《たいちょ》を書いて不立文字というわけですからね。

伊與田　あれを読んどったら、だんだんわからなくなる（笑）。

荒井　難しい本です。

伊與田　難しいですね。あれがやっているのは馬を手なずけながら水辺《みずべ》に引っ張っていく、そこまでです。飲むのは馬です。

荒井　そういうことですね。

伊與田　人間が悟るのも一人ひとりが違うんです。だけども、悟りの近くまで引っ張っていかなければならない。ただ、日本語で書いておったらまだわかるのだけど、漢文で書いたりするものだから読んだらわからん。

親鸞の『教行信証』もそうです。私は両方とも読みましたけれども、「ずいぶんいらんことも言うとるな」と思いました。それはそれとして、『論語』がいう「言を知る」、これは大切なことです。「言を知る」ことがなければ、親鸞の教えも道元の教えも今日まで残っていなかったかもしれません。

だから「言を知らざれば、以て人を知ること無きなり」と孔子が言ったのは本当だと思いますね。

エピローグ

孔子が求めたものを求め続ける

努力してみなければ結果はわからない

荒井　子罕《しかん》篇で孔子はこう言っています。

吾少《わか》かりしとき賤《いや》し。故《ゆえ》に鄙事《ひじ》に多能なり。

（私は若い頃、地位も低く貧しかったので、つまらないことがいろいろできるのだ）

有名な言葉ですが、自らこう言うように孔子は非常な苦労人で、その人生はまさに逆境と不遇の連続でした。順風満帆《じゅんぷうまんぱん》な時代はほんの数年にすぎませんでした。

それゆえに人情の機微《きび》がわかったのでしょうし、愛弟子《まなでし》の死に号泣《ごうきゅう》するような激しい一面も持っていたのでしょう。孔子の教えの深さや広さは、そういうところから生まれたのだと思います。

私たち『論語』を学ぶ者は、孔子のそういう生き方に思いを馳《は》せながら、孔子の求めたものを求め続けることが大事ではないかと思うのですが、いかがでしょうか。

伊與田　安岡先生はまさに孔子が求めたものを求め続けられた方でしたね。単に陽明学者と呼ばれるのを好まれませんでした。

先生が亡くなったのは数え八十六歳のとき、私は六十八歳でした。先生が亡くなって初めて私は自分がいかに先生にぴたっとくっついているだけの存在だったかということに気づいたんです。ぽかーんと心に穴が空《あ》き、自分自身を失ってしまうほど落ち込みました。先生は私にとって父親以上の深い精神的間柄だったんです。

先生が亡くなったのは十二月でしたから、年賀状を喪中の挨拶に変えました。

それから一年間は喪に服して先生が書かれた書物をあらためて読み返しました。先生が若かりし頃に書かれたものを読みながら「この若さでよくこのようなものを」と感銘を受けた一方、先生との距離がますます広がるのを感じたんですね。

このままでは自立できなくなると思っていたときに、先生の一周忌である瓠《こ》堂忌《どうき》が開かれました。このとき、先生の門下の新井正明《あらいまさあき》さん（関西師友協会会長）が挨拶の中に雍也《ようや》篇の一節を引用されました。

冉求《ぜんきゅう》曰《い》わく、子《し》の道《みち》を説《よろこ》ばざるに非《あら》ず、力足らざればなり。子曰《のたま》わく、力足らざる者は中道《ちゅうどう》にして廃《はい》す。今女《なんじ》は画《かぎ》れり。

（冉求が言った。

「先生の説かれる道を喜ばないわけではありませんが、ただ何分《なにぶん》にも私の力が足りませんので行うことが出来ません」

先師が言われた。

「力が足りないかどうかは、力の限り努力してみなければわからない。力の足りない者は中途でたおれるまでのことだが、今お前は、はじめから見切りをつけてやろうとしない。それではどうにも仕方がないよ」)

この言葉に私は大変な衝撃を受けたんです。「ああ、これまで自分を画《かぎ》ってしまっていたな」と。これが頂門《ちょうもん》の一針《いっしん》となって、私はようやく自らに立ち返る機縁《きえん》を得ました。それまでの私は『論語』に育てられながら、「論語読みの論語知らず」の徒でした。六十九歳にして、ようやく乳離れができたわけですね。

それからしばらくすると、母の命日に孔子が若い曽子を連れて論語堂においでになった夢を見ました。このとき、思ったんですね。

「安岡先生の知識や学問を求めても及ぶべくもない。ならば、先生が孔子の求冉求曰わく、子の道を説ばざるに非ず、力足らざればなり。子曰わく、力足らざる者は中道にして廃す。今女は画れり。

――『論語』雍也篇

（冉求が言った。

「先生の説かれる道を喜ばないわけではありませんが、ただ何分にも私の力が足りませんので行うことが出来ません」

先師が言われた。

「力が足りないかどうかは、力の限り努力してみなければわからない。力の足りない者は中途でたおれるまでのことだが、今お前は、はじめから見切りをつけてやろうとしない。それではどうにも仕方がないよ」）

めて歩まれた道を歩まれようとされたように自分の足でとぼとぼと歩いていこう」と。

そう決心して始めたのが『仮名論語《かなろんご》』という『論語』の現代語訳を浄書《じょうしょ》することだったんです。

いざ書くとなると、妄想邪念が起こるといいますか、一枚書くのにも、時々間違うんです。それで書き直す。また同じところで間違える。そういうことが何回かありましたけれど、部屋の後ろに孔子の肖像画がかかっておりますから、一枚書くごとに書いたものを供《そな》えて、香を焚《た》いて、半年間、毎日書き続けて、ようやくできあがりました。

これは人に見せるために書いたものではないけれども、今、広く知られるようになっています。

完熟の境地を目指して道を求める

荒井　では孔子が求めたものは何か、ということになると、いろいろな表現ができるかと思います。私は一言でそれは仁であり、道であると考えていますが、先生はどのようにお思いになりますか。

伊與田　それはおぼろげながらにわかるところもあるけれども、私はまだ頂上に至っていない。今のところはまだ胸突《むなつ》き八丁《はっちょう》ですね。「自分の足で歩いている」ということははっきり言うことができるけれども、現在の私にとっての道は一つの憧憬《しょうけい》みたいなものですね。

しかし、孔子が求めたのはある種の人間的な完熟と言っていいかもしれません。

先ほど私は菩薩と仏という話をしました。お寺に祀《まつ》られている仏像にも菩薩像、如来像《にょらい》というものがあります。この二つの違いは菩薩像は指輪をしたり髪飾りをしたり、いろいろな飾りを身につけています。これは民衆を仏道に導く手段、テクニックとしての飾りです。

ところが、如来はというと、飾りを身につけることなくじっと坐っているだけです。あるいは、仏さんにしたら大衆を指導しようという意識すらないかもしれない。

そこが私は完熟の境地だと思う。テクニックを使わなくてはならない間は、まだ未熟です。孔子が「天命を知る」と言ったのは、まさにこの完熟の境地なんです。

里仁《りじん》篇に

朝《あした》に道を聞けば、夕《ゆうべ》に死すとも可《か》なり。

（朝に人としての真実の道——天道——を聞いて悟ることができれば、夕方に

死んでも悔いはない）

という言葉がありますね。理屈を言えば死んだら何にもならないというのが普通の感覚です。けれども道を求める人にとっての死とは、欲望を捨て去り本当の生き仏になることです。それが永遠の命を持って、長く人々の心の中に生き続ける。私はこれが二千五百年連綿として続いてきた孔子の命なのだと思います。

荒井　今の菩薩像と如来像のお話は面白いですね。こういう発想は初めて聞きました。なるほどと感じ入りました。

伊與田先生もまた、そういう境地を目指されているわけですね。本日のお話は長年『論語』で身を修められた先生ならではの内容ばかりで、それを親しく承れたことを光栄に思っております。『論語』の新たな一面に光を当てられたように感じました。

あとがき

時移り人去って、安岡正篤先生に永《なが》く師事した面授の愛弟子の方も、すっかり少なくなってしまった。

伊與田覺先生は、戦前から安岡先生に親炙《しんしゃ》され、しかも、孔門の子路のように、その硬骨漢ぶりを可愛がられた愛弟子として知られた方である。

『仮名論語』は、その著書の中でも傑作で、一文字一文字、祈りをこめて自ら筆写されたその文字の見事さは、また格別の風韻《ふういん》を醸《かも》している。高齢にもかかわらず、その博覧強記ぶりは、いっこうに衰えを見せず、『四書』の章句は、みな諳《そらん》じておられる。文字通り希有《けう》にして至宝《しほう》の如き存在と申し上げるほかはない。

安岡教学を次世代に伝える仕事を手伝っている私どもも、実は、安岡正篤先生の教学に私淑《ししゅく》し心酔《しんすい》、傾倒している者にすぎず、面授の弟子ではない。それだけに、安岡先生に、永年親炙され師事されて、謦咳《けいがい》に接し薫陶《くんとう》を受けられた面授の愛弟子に会い、その教えを乞うことに努めてきた。しかし、もはや、稀にしかその機会には恵まれなくなってしまった。

そのような中で、『致知』誌の対談記事の縁有って、ほかならぬ伊與田覺先生に、親しくお話を承る機会を、二度も頂戴したのである。記事の上では「対談」と呼ばれるようだが、私どもにとっては、文字通り「参師問法」のまたとない好機であった。

その「参師問法」の、『論語』をめぐる内容が、そのまま、一冊の書物にまとめられ、多くの方々のお目にとまる機会をいただけるという。安岡門下の元老格の筆頭、伊與田覺先生に学び得た豊かな内容が、多くの心ある人びとに読んでいただける。何とよろこばしいことではないか。

その『論語』をめぐる伊與田覺先生への参師問法の中で、わけても心に深く残るものが、二つあった。その一つは、『論語』に「遊ぶ」境地。もう一つは、「素読」という伝統的な古典学習法の効用ということであった。

伊與田覺先生は、『論語』の章句「之を知る者は、之を好む者に如かず。之を好む者は、之を楽しむ者に如かず」を取り上げて、「知る」「好む」更に「楽しむ」と、向上してゆく、更にその上に「遊ぶ」境地があることを説かれる。おそらくは『禮記《らいき》』の「学記」に見える「君子の学におけるや、蔵し、修し、息し、遊す」の学びの極致「遊」の境地を下敷きにしていわれたことと拝察した。そのものになりきった没我の境地である。未だ「楽しむ」境地に憧れている不肖には、まさに高嶺《たかね》の花である。

素読という伝統的な古典習得方法の著しい学習効果は、改めて多言を要すまい。人の知的能力の発達段階に適応した科学的方法ともいえる。この素読は、おぼえる能力（記憶力）が際立ってよい幼少期に、古典の章句を繰り返し声に出して読むこと（音読・朗読）することを通して、おぼえて（記憶）しまう学習方法である。その段階では、章句の内容や意味は一切問題にしない。内容や意味は、後でわかる能力（理解力）やかんがえる能力（思考力）が、最も育つ段階になってから学ぶのが効果的とされてきた。

理解力や思考力が育ってくる発達段階になると、記憶力は、相対的に弱まってしまう。いわば、最も適する発達段階に合わせた、合理的学習方法であったのである。

音読・朗読は、頭脳を中心として、口・舌・鼻・目・耳を使い、呼吸・発声・視覚・聴覚など、すべてを動員して、ことばを身につける最も卓越した言語習得方法である。

そもそも、ことばの基本は、話すこと聞くことから始まり、ずっと後になって文字が使用され、黙読も加わってくるが、言語の基本は、やはり話すこと聞くことにある。難解な文章は、音読を繰り返してみると分かるといわれるのも、このためであろう。
素読という伝統的学習方法の効用について、伊與田覺先生の永年の体験に裏打ちされたお話を承り、まさにわが意を得た思いであった。

平成二十四年十月十五日

荒井　桂

付録　『論語』第一篇（学而篇）全文

○子曰《しのたま》わく、学びて時に之《これ》を習う、亦説《またよろこ》ばしからずや。朋《とも》遠方より来《きた》る有り、亦楽しからずや。人知らずして慍《うら》みず、亦君子《くんし》ならずや。

先師が言われた。

「聖賢の道を学んで、時に応じてこれを実践し、その真意を自ら会得《えとく》することができるのは、なんと喜ばしいことではないか。共に道を学ぼうとして、思いがけなく遠方から同志がやってくるのは、なんと楽しいことではないか。だが人が自分の存在を認めてくれなくても、怨《うら》むことなく、自ら為《な》すべきことを努めてやまない人は、なんと立派な人物ではないか」

○有子《ゆうし》曰《い》わく、其《そ》の人と為《な》りや、孝弟《こうてい》にして上《かみ》を犯すを好む者は鮮《すく》なし。上を犯すを好まずして乱を作《な》すを好む者は未《いま》だ之《こ》れ有らざるなり。君子《くんし》は本《もと》を務《つと》む、本立ちて道生《みちしょう》ず。孝弟なる者は、其《そ》れ仁を為《な》すの本か。

有先生が言われた。
「その人柄が、家に在《あ》っては、親に孝行を尽し、兄や姉に従順であるような者で、長上《ちょうじょう》にさからう者は少ない。長上に好んでさからわない者で、世の中を乱すことを好むような者はない。何事でも先《ま》ず本《もと》を務めることが大事である。本が立てば、進むべき道は自ら開けるものだ。従って孝弟《こうてい》は仁徳《じんとく》を成し遂げる本であろうか」

○子曰《しのたま》わく、巧言令色鮮《こうげんれいしょくすく》なし仁《じん》。

先師が言われた。

「ことさらに言葉を飾り、顔色をよくする者は、仁《じん》の心が乏しいものだよ」

○曽子《そうし》曰《い》わく、吾日《われひ》に吾《わ》が身を三省《さんせい》す。人の為に謀《はか》りて忠《ちゅう》ならざるか、朋友《ほうゆう》と交《まじわ》りて信ならざるか、習わざるを伝うるか。

曽先生が言われた。

「私は毎日、自分をたびたびかえりみて、よくないことははぶいておる。人の為《ため》を思うて、真心からやったかどうか、友達と交《まじわ》ってうそいつわりはなかったか。まだ習得しないことを人に教えるようなことはなかったか」

○子曰《しのたま》わく、千乗《せんじょう》の国を道《みちび》くに、事を敬《けい》して信、用《よう》を節《せっ》して人を愛し、民を使うに時を以《もっ》てす。

先師が言われた。

「兵車千台を有するような諸侯《しょこう》の国を治めるには、政事を慎重にして民の信頼を得、国費を節約して民を愛し、民を使うのは、農閑期《のうかんき》を利用するように心掛ける」

○子曰《しのたま》わく、弟子《ていし》、入《い》りては則《すなわ》ち孝《こう》、出《い》でては則ち弟《てい》、謹《つつし》みて信、汎《ひろ》く衆を愛して仁《じん》に親しみ、行いて余力あれば、則ち以《もっ》て文《ぶん》を学べ。

先師が言われた。

「若者の修養の道は、家に在《あ》っては、孝《こう》を尽し、世に出ては、長上に従順であることが第一である。次いで言動を謹《つつし》んで信義を守り、人々を愛し、高徳の人に親しんで、余力あれば詩書などを読むことだ」

○子夏《しか》曰《い》わく、賢《けん》を賢として色《いろ》に易《か》え、父母に事《つか》えて能《よ》く其《そ》の力を竭《つく》し、君《きみ》に事えて能く其の身を致《いた》し、朋友《ほうゆう》と交《まじわ》るに言《い》いて信あらば、未《いま》だ学ばずと曰《い》うと雖《いえど》も、吾《われ》は必ず之《これ》を学びたりと謂《い》わん。

子夏が言った。

「学徳の備《そなわ》った立派な人物を恋人を思うよりも敬愛し、親に対しては全力を尽して孝養《こうよう》に励み、君（国）に対しては、身の安危《あんき》をかえりみず、忠誠を尽す。友達と交《まじわ》るときは、絶対に二枚舌を使わない。このようであれば、まだ書物を読んで学ばないと言っても、私は、すでに学んだ人だと言おう」

○子曰《しのたま》わく、君子《くんし》、重《おも》からざれば則《すなわ》ち威《い》あらず。学べば則ち固《こ》ならず。忠信《ちゅうしん》を主《しゅ》とし、己《おのれ》に如《し》かざる者を友とすること無《な》かれ。過《あやま》てば則ち改《あらた》むるに憚《はばか》ること勿《な》かれ。

先師が言われた。

「上に立つ人は、言動を重々しくしないと威厳がなくなる。学べば独善、頑固でなくなる。忠信を第一とし、安易に自分より知徳《ちとく》の劣った者と交《まじわ》っていい気になってはならない。そして過に気がついたら改めるのに誰にも遠慮はいらないよ」

○曽子《そうし》曰《い》わく、終《おわり》を慎《つつし》み遠きを追えば、民の徳厚《とくあつ》きに帰《き》す。

曽先生が言われた。

「親の葬儀を丁重《ていちょう》にして真心から喪《も》に服し、そして先祖の祭《まつり》を手厚くすれば、民の人情風俗は自ら厚くなるものだ」

○子禽《しきん》、子貢《しこう》に問《と》うて曰《い》わく、夫子《ふうし》の是《こ》の邦《くに》に至るや、必ず其《そ》の政《まつりごと》を聞く、之《これ》を求めたるか、抑々《そもそも》之を与えたるか。子貢曰《い》わく、夫子は温良恭倹譲《おんりょうきょうけんじょう》、以《もっ》て之を得たり。夫子の之を求むるは、其《そ》れ諸《こ》れ人の之を求むるに異《こと》なるか。

子禽が子貢に尋ねた。

「孔先生は、どこの国に行かれても、必ず政治について聞かれるが、これはご自分から求められたものか、それとも先方からもちかけられたものでしょうか」

子貢はこれに対し、

「孔先生はお人柄が、おだやかで素直、うやうやしくて行いにしまりがあり、それに謙虚で人に譲るところがあるので、自《おのずか》ら先方から求められたのである。従って先生が求められるのは、一般の人の求め方と大いに違うように思う」

○子曰《しのたま》わく、父在《ちちいま》せば其《そ》の志《こころざし》を観《み》、父没《ぼっ》すれば其の行いを観る。三年父の道を改《あらた》むる無《な》くんば、孝《こう》と謂《い》うべし。

先師が言われた。

「父が生きている時には、その気持ちを察して、それに添うように努め、父が亡くなられてからは、その行われた跡を見て、これを継承するのがよい。そうして三年の間、父のしきたりを改めず、ひたすら喪《も》に服する人なら、真の孝子《こうし》と言えるであろう」

○有子《ゆうし》曰《い》わく、礼《れい》の和《わ》を用《もっ》て貴《たっと》しと為《な》すは、先王《せんのう》の道も斯《これ》を美《び》と為《な》す。小大之《しょうだいこれ》に由《よ》れば、行われざる所《ところ》あり。和《わ》を知りて和すれども礼《れい》を以《もっ》て之を節《せっ》せざれば、亦《また》行うべからざるなり。

有先生が言われた。

「礼に於《お》いて和を貴いとするのは、単に私の独断ではない。昔の聖王の道も美しいことだとした。そうかと言ってすべての人間関係を和一点張りでいこうとすると、うまくいかないことがある。和の貴いことを知って和しても礼を以《もっ》て調節しないとこれまたうまくいかないのである」

○有子《ゆうし》曰《い》わく、信《しん》、義《ぎ》に近ければ、言復《げんふ》むべきなり。恭《きょう》、礼《れい》に近ければ、恥辱《ちじょく》に遠ざかる。因《よ》ること、其《そ》の親を失わざれば、亦宗《またそう》とすべきなり。

有先生が言われた。

「約束してそれが人の正しい道にはずれていなければ、約束通りに履《ふ》み行うべきである。ていねいさが礼にかなっておれば、人に軽《かろ》んぜられることはない。親族づきあいで、その順序を間違えることがなければ、人として尊ぶべきである」

○子《し》曰《のたま》わく、君子《くんし》は食飽《しょくあ》くを求《もと》むること無《な》く、居安《きょやす》きを求むること無し。事《こと》に敏《びん》にして言《げん》に慎《つつし》み、有道《ゆうどう》に就《つ》きて正《ただ》す。学を好むと謂《い》うべきのみ。

先師が言われた。

「学問修養に志す人は、飽食《ほうしょく》を求めない。家で安閑《あんかん》と居ることを求めない。物事に当《あた》ってはきびきびとし、言葉は慎《つつし》み、高徳の人について教を受けて、自分の行を正していくような人こそ、本当に学を好むということができる」

○子貢《しこう》曰《い》わく、貧《まず》しくして諂《へつら》うこと無《な》く、富《と》みて驕《おご》ること無きは何如《いかん》。子曰《しのたま》わく、可《か》なり。未《いま》だ貧しくして道を楽しみ、富みて礼《れい》を好む者には若《し》かざるなり。子貢曰《い》わく、詩《し》に云《い》う、切《せっ》するが如《ごと》く磋《さ》するが如く、琢《たく》するが如く磨《ま》するが如しと。其《そ》れ斯《これ》を之《こ》れ謂《い》うか。子曰《しのたま》わく、賜《し》や、始《はじ》めて与《とも》に詩を言《い》うべきのみ。諸《これ》に往《おう》を告げて来《らい》を知る者《もの》なり。

子貢が尋ねた。

「貧しくても、卑下《ひげ》してへつらうことがなく、富《と》んでも、おごりたかぶることのない者は、立派な人といえるでしょうか」

先師が答えられた。

「かなりの人だね。然《しか》しまだ貧しくても心豊かに人の道を履《ふ》み行うことを楽しみ、富んでも、ごく自然に礼を好んで行う者には及ばないよ」

子貢が言った。

「なるほど人の教養には、上には上があるものですね。『詩経《しきょう》』に〝切るごとく、磋《す》るごとく、琢《う》つごとく、磨くがごとく、たゆみなく道にはげまん〃とありますが、こういうことをいうのでございましょうか」

先師が言われた。

「賜《し》よ、お前とはじめて詩を通じて人生を語ることができるようになったねえ。お前こそ一つのことを教えたら、すぐ次のことがわかる人物だね」

○子曰《しのたま》わく、人の己《おのれ》を知らざるを患《うれ》えず、人を知らざるを患うるなり。

先師が言われた。

「人が自分を知ってくれなくても憂《うれ》えないが、自分が人を知らないのを憂える」

〈著者紹介〉

伊與田 覺（いよた・さとる）

大正5年高知県に生まれる。学生時代から安岡正篤師に師事。昭和15年青少年の学塾・有源舎発足。21年太平思想研究所を設立。28年大学生の精神道場有源学院を創立。32年関西師友協会設立に参与し理事・事務局長に就任。その教学道場として44年には財団法人成人教学研修所の設立に携わり、常務理事、所長に就任。62年論語普及会を設立し、学監として論語精神の昂揚に尽力する。主な著書に『「人に長たる者」の人間学』『「大学」を素読する』『人物を創る人間学』『「中庸」に学ぶ』ほか、『「論語」一日一言』の監修（ともに致知出版社）などがある。

荒井桂（あらい・かつら）

昭和10年11月5日埼玉県生まれ。33年東京教育大学文学部卒業（東洋史学専攻）。以来、40年間、埼玉県において高校教育及び教育行政に従事。平成5年から10年まで埼玉県教育長。在任中、国の教育課程審議会委員及び経済審議会特別委員等を歴任。16年6月郷学研修所・安岡正篤記念館副理事長兼所長に就任。安岡教学を次世代に伝える活動に従事。著書に『安岡教学の淵源』『安岡正篤「光明蔵」を読む』（致知出版社）『新・立志ノススメ』（邑心文庫刊）。

大人のための「論語」入門

平成二十四年十一月十五日第一刷発行

著者 伊與田 覺
荒井 桂

発行者 藤尾 秀昭

発行所 致知出版社

〒150-0001東京都渋谷区神宮前四の二十四の九

TEL(〇三)三七九六—二一一一

印刷・製本 中央精版印刷

落丁・乱丁はお取替え致します。 (検印廃止)

ISBN978-4-88474-980-4 C0095
ホームページ http://www.chichi.co.jp
Eメール books@chichi.co.jp

『致知』には、繰り返し味わいたくなる感動がある。繰り返し口ずさみたくなる言葉がある。

私が推薦します。

稲盛和夫 京セラ名誉会長

人の心に焦点をあてた編集方針を貫いておられる『致知』は際だっています。

鍵山秀三郎 イエローハット創業者

ひたすら美点凝視と真人発掘という高い志を貫いてきた『致知』に、心から声援を送ります。

北尾吉孝 SBIホールディングス社長

さまざまな雑誌を見ていても、「徳」ということを扱っている雑誌は『致知』だけかもしれません。学ぶことが多い雑誌だと思います。

中條高徳 アサヒビール名誉顧問

『致知』の読者は一種のプライドを持っている。これは創刊以来、創る人も読む人も汗を流して営々と築いてきたものである。

村上和雄 筑波大学名誉教授

『致知』は日本人の精神文化の向上に、これから益々大きな役割を演じていくと思っている。

渡部昇一 上智大学名誉教授

『致知』は修養によって、よりよい自己にしようという意志を持った人たちが読む雑誌である。